Ursula Wölfel · Mond Mond Mond

Ursula Wölfel

Mond Mond Mond

Deutscher
Taschenbuch
Verlag

Ungekürzte Ausgabe
Juni 1971
Deutscher Taschenbuch Verlag GmbH & Co. KG,
München

Umschlaggestaltung: Celestino Piatti
Gesamtherstellung: Ebner, Ulm
Printed in Germany · ISBN 3-423-07014-5

Inhalt

Die roten Felsen

Nauka und Pimmi

»Mond! Mond! Mond!« rief Pimmi. Denn sie wußte: Der Mond ist gut. Er kommt in der Nacht und macht sie hell, und er kennt alle Geheimnisse, der wandernde Mond, der Zigeunerfreund. Darum mußte Pimmi ihn rufen, jetzt, am hellen Nachmittag, weil sie doch auf dem falschen Weg durch den Wald gingen. Weshalb merkte Nauka das nicht?

Und noch einmal rief Pimmi und noch lauter: »Mond! Mond!« Doch schnell legte Nauka ihre Hand über Pimmis Mund.

»Still!« sagte sie. »Du darfst nicht schreien, sonst hören uns die Leute.«

Da biß Pimmi in Naukas warme, weiche Hand, aber nicht fest, nicht so, daß es weh tat. Wie ein kleiner Hund, wenn er spielt, ganz zärtlich und vorsichtig biß Pimmi in Naukas Hand. Ein wenig salzig schmeckte das und ein wenig bitter, ein wenig nach Erde und ein wenig nach Brot, und im ganzen schmeckte und roch es wie Nauka. Pimmi lachte, weil ihr das gut gefiel. Nauka lachte auch und zog schnell die Hand weg, wischte sie ab am bunten Rock und fragte:

»Weshalb rufst du den Mond, Pimmi?«

»Der Weg!« flüsterte Pimmi, und dann rief sie noch einmal, so laut sie konnte: »Mond!«, weil es doch wichtig ist, daß man ihn dreimal ruft. Doch jetzt, unter dem dritten Ruf, sah sie, wie der sich krümmte und bog, der falsche Weg, wie eine –

»Eidechse!« sagte Pimmi schnell und legte beide Hände auf den Mund. Denn man sollte nicht »Schlange« sagen, und Pimmi wollte noch nicht einmal »Schlange« denken, das böse Wort für das Böse. Wenn Pimmi es gesagt hätte, wer weiß, ob sie dann jemals die Wagen wiederfinden würden? Die Wagen im Steinbruch, die Wagen und Mutter Savina und Vater Tino und Bruder Branko und die gute alte Mara-Mami! Alle Onkel und Tanten und Kinder und Hunde und die kleine Katze Macki mit den drei weißen Pfoten und den Mondaugen, wer weiß, ob sie die dann jemals wiederfinden würden?

Nauka sagte auch: »Eidechse!« und sah Pimmi erschrocken an. Auch Nauka hatte Angst vor dem bösen Wort für das Böse, und sie wußte, daß Pimmi es gedacht hatte.

Aber jetzt blieb sie endlich stehen und betrachtete den Weg. Er war fest und hell. Die warme Septembersonne hatte ihn trocken gemacht. Fort und fort lief er durch den Wald, und er sah gut und freundlich aus. Das fand Nauka. Wie lange gingen sie schon auf diesem Weg? Sie waren im Dorf gewesen, hatten Spitzen verkauft und bei einer alten Bäuerin Kaffee getrunken und große Brotscheiben mit Mus gegessen. Nun wollten sie zum Steinbruch zurück, zu den Wagen, vor denen die kleinen Feuer brannten, zu den Eltern und Onkeln und Tanten und zu Mateo. Ob er wohl immer noch auf dem Stein in der Sonne saß und an dem neuen Puppenkopf schnitzte? Mateo! Mateo! dachte Nauka, und ihr Herz klopfte ganz schnell. Denn als sie mit Pimmi fortgegangen war, hatte da nicht Mateo sie freundlich angesehen? Hatte er nicht gelacht mit seinem schönen roten Mund? Hatte er nicht gelacht mit seinen dunklen Augen? Und Nauka dachte an Mateo und vergaß den Weg, und sie vergaß Pimmi und vergaß, daß die Sonne schon so tief stand, wie sie im September um die fünfte Stunde nach Mittag über den Himmel wandert. Sie stand einfach nur da und dachte an Mateo und lächelte.

Am Wegrand lag trockenes Laub, das hatte der Wind zusammengeweht. Pimmi nahm mit den Zehen ein Blatt auf und zerknickte es. Das kitzelte ein bißchen, weil die Krümel an ihrer Fußsohle entlang rieselten. Noch ein Blatt nahm Pimmi und noch eines und noch viele Blätter, und alle zerdrückte sie mit den gelenkigen Zehen. Jetzt war das schon wie eine schwere Arbeit. Denn Pimmi dachte: Ich mache die Blätter kaputt, die auf dem falschen Weg liegen, den ganzen Weg will ich kaputt machen! So seltsame Gedanken dachte Pimmi. Sie wußte ganz sicher, daß dieser Weg nicht zu den Wagen führte. Aber wie sollte sie Nauka das sagen? Nauka war die große Schwester. Sah sie nicht schon fast wie eine Frau aus? War sie nicht schon fünfzehn Jahre alt? Und sie konnte Suppe kochen und schöne Deckchen häkeln, und sogar in die Schule war sie schon gegangen und konnte ihren Namen schreiben mit richtigen Buchstaben, wie Mateo! Keinen Menschen auf der Welt bewunderte Pimmi so sehr wie Nauka. Oh, wie schön sie war und wie lieb! Und wenn Nauka wirklich auf diesem falschen, bösen Weg weitergehen wollte, dann mußte er eben doch ein richtiger Weg sein.

Und Pimmi hörte auf mit der Blätterarbeit und bohrte ein bißchen in der Nase. Nauka stand immer noch still, sah jetzt Pimmi an und sagte nicht wie sonst: Laß das! Sie sah die kleine Schwester nur an und hörte endlich auf, an Mateo zu denken. Denn es war sehr wichtig, an Pimmi zu denken. Alle Menschen konnten sehen, daß sie nicht schön war, die kleine, dünne Pimmi mit den wirren, stumpfen Haaren und den Schielaugen, aber niemand konnte sehen, wie schön und weise ihr Herz war. Doch Nauka sah es, und Nauka hatte Pimmi sehr, sehr lieb.

Da stand sie nun und war erst sieben Jahre alt und war müde und hungrig. Da stand sie und bohrte traurig in ihrer Nase, und niemand anders, nur Nauka konnte sie zu den Wagen zurückbringen. So fragte Nauka endlich: »Was ist mit dem Weg, Pimmi?«

»Er ist falsch!« flüsterte Pimmi, und ihre Augen drehten sich unter der krausen Stirn, so schämte Pimmi sich, weil sie etwas besser wissen wollte als Nauka, die kluge, die schöne, die große Schwester.

»Wie falsch ist er, Pimmi?«

»So!« Pimmi hob ihren rechten Arm. »So sind wir in das Dorf hineingekommen. So!« Dann hob sie ihren linken Arm, aber nur ein ganz klein wenig, weil dort der falsche Weg sich bog und krümmte. »Und so sind wir fortgegangen aus dem Dorf.«

Ganz rot wurde sie. War es möglich, daß sie so zu Nauka sprach?

Aber Nauka rief: »Du hast recht, Pimmi! Wie dumm ich war! Schnell, wir wollen umkehren!«

Da lief Pimmi zu Nauka und schlang ihre beiden Arme fest um ihre Hüften, daß der weite bunte Rock sich über ihr Gesicht bauschte. Sie wußte nicht, was sie sagen sollte. Sie gab nur dem Rock viele kleine, zärtliche Küsse, weil sie so froh war und weil sie Nauka so liebhatte.

Ganz golden färbte nun die Sonne den Wald. Pimmi machte ihre Schritte lang, und Nauka machte ihre Schritte kurz. Aber wohin sollten sie gehen mit den langen und den kurzen Schritten? Nauka fragte, sooft jetzt der Weg sich gabelte:

»Pimmi, wie sollen wir gehen?« Und Pimmi hob den rechten Arm und sagte vergnügt:

»Hier, wo der gelbe Vogel fliegt!«

Oder sie hob den linken Arm und sagte: »Hier, über die schöne Wiese!« Oder sie reckte ihr spitzes kleines Kinn und sagte: »Hier, über die Brücke und den Bach!«

Aber sie waren vorher über keine Brücke gegangen und über keine Wiese. Nauka hatte nun Angst. Ehe es Nacht wurde, mußten sie den Steinbruch mit den Wagen gefunden haben. Denn in der Nacht darf man nicht unterwegs sein. Den Mule, den Seelen gehört die Nacht, das hatte die weise alte Mara gesagt. Vater Tino glaubte nicht daran, auch Mateo nicht. Aber sie waren Männer.

Zuerst hüpfte Pimmi und versuchte zu pfeifen wie Tante Jerikas große Jungen und wie Tutta. Bald, bald, bald würden sie wieder bei den Wagen sein!

Einmal setzten sie sich für ein paar Minuten auf einen gefällten Baum. Nauka hatte Brot in ihrem Beutel, das teilten sie sich. Pimmi wurde nicht satt davon, aber das sagte sie nicht. Sie war auch sehr müde, als sie weitergingen, aber das sagte sie auch nicht. Sie schaute nur manchmal in Naukas Gesicht, und dort sah sie, daß es gut war, die Schritte länger zu machen.

Endlich hörte der Wald auf. Ein Dorf lag im Tal. Aber sie merkten bald, daß es nicht das Dorf war, bei dem der Steinbruch lag. Es war viel kleiner, und es hatte einen anderen Namen. Ob sie die Leute dort unten nach dem Weg fragen sollten? Schon wurde es dämmerig im Wald.

Es war Melkzeit. In den Ställen stampften und muhten die Kühe. Türen schlugen in den Häusern, Eimer schepperten auf den Höfen. Burschen und Männer schoben kleine

Wagen mit Milchkannen über die Straße. Sie schauten sich um, wenn Nauka und Pimmi vorüberkamen mit ihren langen, bunten Röcken, mit ihren schwarzen Haaren und ihrer braunen Haut. An den Hoftoren standen die Kinder. Mit den Fingern deuteten sie auf Nauka und Pimmi, tuschelten, versteckten sich hinter den Hausecken, rannten in die Höfe und riefen: »Zigeuner! Zigeuner!«

Die beiden kannten das. Immer wurde getuschelt, immer mit dem Finger gezeigt, immer liefen die Kinder weg, wenn sie kamen. In ihre Häuser liefen die fremden Kinder. Dort hatten sie Stühle zum Ausruhen und warme Betten zum Schlafen, dort waren Tische mit großen Schüsseln, und Mütter und Väter waren dort. Ach, Pimmi konnte nicht zur Mutter laufen. Keine Schüsseln mit gutem Essen gab es für sie, keinen Stuhl, kein Bett in den fremden Häusern. Sie fühlte sich elend und unglücklich.

»Müssen wir noch sehr weit gehen?« fragte sie leise.

»Ich weiß nicht«, sagte Nauka.

»Kannst du sie nicht fragen, wo der Steinbruch mit unseren Wagen ist?«

»Nein«, sagte Nauka. »Ich will sie nicht fragen.«

Und Pimmi sah an Naukas Gesicht, daß sie noch größere Schritte machen mußte.

Sie kamen an einen Brunnen.

»Bitte!« flüsterte Pimmi. »Ich habe Durst!«

Aber es standen Kinder dort um den Brunnen und spielten. Zwei große Jungen hielten die Hand vor das Leitungsrohr und lenkten den Wasserstrahl auf die kleineren Mädchen und Buben. Die rannten schreiend und lachend fort, schlichen wieder heran und rannten wieder.

Als sie aber Pimmi und Nauka sahen, wurden sie alle still und starrten ihnen entgegen.

»Frag sie!« flüsterte Pimmi und zerrte an Naukas Hand. »Frag sie nach dem Weg, und ob ich etwas trinken darf!«

Nauka zögerte. Doch da rief einer von den großen Jungen:

»Geht weiter, hört ihr? Wir wollen hier nichts von euch wissen!« Und zu den anderen Kindern sagte er: »Lauft! Die haben den bösen Blick, die schwarzen Weiber! Sie verzaubern euch!« Da preßte Nauka die Lippen fest aufeinander und zog Pimmi weiter.

Hier war das Dorf zu Ende. Das weite Tal lag vor ihnen, und schon stiegen blau die Abendschatten zu den Wäldern auf der Höhe. Nur hoch auf den Baumspitzen lag noch ein wenig Sonne. Bald würde es auch dort ganz dunkel sein. Pimmi fror. Sie schüttelte sich und schob ihre Schulter dichter in Naukas warme Rockfalten.

Abseits vom Dorf in einer Wiesenmulde lag der letzte Hof. Sie sahen zuerst nur die Dächer von Haus, Scheune und Schuppen, die breiten, warmen Dächer.

»Dort frage ich!« sagte Nauka und streichelte Pimmis Rücken.

Als sie näher kamen, hörten sie Musik und Gesang aus dem Haus, und alle Fenster waren hell.

»Ein Fest! Ein Fest!« rief Pimmi. Sie machte sich los und lief an das Haus heran. Wenn sie sich auf die Zehenspitzen stellte, konnte sie durch die Fenster sehen.

An langen Tischen saßen die Leute und aßen und tranken, redeten und lachten. Zwei Mädchen mit weißen Schürzen liefen hin und her und brachten immer neue Schüsseln mit Würsten und Braten, mit Gemüsen, Kartoffeln und fetten Soßen. Weiter hinten an der Wand stand ein Tisch voller Kuchen und Torten, Weinflaschen und Gläser.

»Oh!« rief Pimmi laut und schluckte.

»Eine Hochzeit!« flüsterte Nauka. »Siehst du die Braut? Und einen schönen Mann hat sie, schau nur!«

Sie vergaßen, daß es schon spät war und daß sie die Wagen finden mußten, ehe es Nacht war. Pimmi sah nur die guten Sachen, und Nauka sah nur die schöne Braut. Sie merkten beide nicht, daß jemand aus dem Haus kam. Plötzlich stand ein Mädchen neben ihnen, nicht älter als Nauka, und rief: »Hallo, ihr!«

»Wir gehen schon!« sagte Nauka und nahm Pimmis Hand.

»Wer seid ihr? Wo kommt ihr her?« fragte das Mädchen neugierig.

Nauka fuhr mit der Hand durch die Luft. Woher kamen sie? Von überall her.

»Ach so«, sagte das Mädchen. »Ihr seid Zigeuner.«

»Ja!« sagte Nauka und machte ihren Rücken steif. Sie wollte Pimmi fortziehen, aber die holte tief Luft und fragte:

»Mädchen! Weißt du, wo der Steinbruch ist? Wir sind auf dem falschen Weg gegangen.«

»Es gibt viele Steinbrüche hier. Welchen meint ihr? Den Gerlauer? Gehört ihr vielleicht zu den Zigeunern, die dort waren?«

»Ja, Gerlau hieß das Dorf«, sagte Nauka. »Ist es noch weit?«

»Hm«, machte das Mädchen. »Zwei Stunden. Aber was wollt ihr dort?«

»Wir wollen zu unseren Wagen. Unsere Eltern sind dort«, sagte Nauka.

Das Mädchen schüttelte langsam den Kopf. Dann fragte es:

»Wann seid ihr weggegangen aus dem Steinbruch?«

»Mittags. Wir haben Spitzen verkauft in einem Dorf, und nachher haben wir uns verlaufen.«

»Dann wißt ihr es noch nicht?«

»Was sollen wir wissen?«

»Daß niemand mehr dort ist im Steinbruch! Daß die Arbeiter gekommen sind, weil morgen wieder gesprengt werden soll, daß es eine Schlägerei gegeben hat, daß die Polizei kommen mußte, daß man sie alle weggejagt hat!«

»Du redest Unsinn!« sagte Nauka und legte ihren Arm um Pimmis Schultern. »Ich verstehe kein Wort von dem, was du sagst.«

»Aber ich weiß es doch genau! Der Anton hat es vorhin erzählt, er ist Polizist hier. Heute nachmittag haben sie ihn nach Gerlau gerufen, alle Polizisten aus den Dörfern mußten dorthin. Und sie haben alle Zigeunermänner ins Gefängnis nach Otterau gebracht. Weil ihr doch das Vieh gestohlen habt und wegen der Schlägerei. Einer hat nämlich gleich das Messer gezogen, so ein Schwarzer, Wilder.«

»Wir haben kein Vieh gestohlen. Du lügst!« rief Nauka zornig.

»Natürlich, das wollt ihr nicht zugeben. Aber es muß wohl wahr sein. In der letzten Nacht sind in Gerlau zwei Rinder von der Weide gestohlen worden.«

»Wir haben kein Vieh gestohlen. Komm, Pimmi!«

Aber Pimmi blieb stehen. »Was sagt sie?« fragte sie.

»Sie sagt, daß wir Vieh gestohlen haben. Sie ist böse. Sie sagt, daß die Wagen nicht mehr im Steinbruch stehen. Sie haßt die Zigeuner. Alle diese Fremden hassen die Zigeuner.«

»Nein! Das ist nicht wahr!« rief das Mädchen und hielt Naukas Arm fest. »Wirklich nicht! Ich will euch helfen, ihr tut mir leid! Was könnt ihr dazu, wenn eure Mannsleute Vieh stehlen?«

Nauka antwortete ihr nicht. Sie lehnte an der Hauswand und sah, wie der Mond hinter den Apfelbäumen an der Landstraße aufstieg. Sie war müde, todmüde und todtraurig. Ging es ihnen nicht immer so? Irgendwo wurde etwas gestohlen, und wenn die Leute dann Zigeuner sahen, gab man ihnen die Schuld. Niemand vertraute ihnen. Nirgendwo durften sie bleiben. Sie wußte genau, daß keiner von ihrer Sippe ein Stück Vieh gestohlen hatte. Aber das Mädchen würde es ihr nicht glauben. Weshalb sollte sie noch reden? Weshalb sich wehren?

Pimmi flüsterte: »Ich bin so müde. Ich habe Durst. Und Hunger auch.«

»Wie alt ist sie?« fragte das Mädchen und deutete auf Pimmi.

»Sieben«, antwortete Nauka.

»Ihr könnt heute nacht nicht mehr zum Gerlauer Steinbruch. Und ich sage euch, dort ist niemand mehr von eueren Leuten. Die Männer sind in Otterau im Gefängnis, und die Frauen mußten auch dorthin mit den Wagen. Der Otto, der Gerlauer Polizist, ist mit dem Motorrad nebenher gefahren. Vier Wagen waren es. Ein alter Lastwagen, ein Personenauto mit einem Wohnanhänger, ein großer grüner Wohnwagen mit einem Traktor davor und ein alter Karren mit einem Pferd. Der gehörte dem ältesten von den Männern. Er war wohl nicht ganz richtig im Kopf, sagte der Anton.«

»Panelon, der alte Panelon«, flüsterte Nauka.

»Glaubst du mir jetzt? Der Alte durfte seinen Wagen selbst kutschieren, weil der Gaul ohne ihn keinen Schritt von der Stelle ging. Aber ins Gefängnis mußte er auch. Sie haben zur Sicherheit einen Gerlauer Burschen mitgeschickt. Er hat erzählt, der Alte hätte auf dem ganzen Weg gesungen.«

»Ja«, sagte Nauka. »So ist Panelon. Ich glaube dir.«

»Was wollt ihr tun?« fragte das Mädchen.

»Ich weiß nicht, was wir tun sollen. Ich möchte zum Steinbruch gehen und mit meinen Augen sehen, was du gesagt hast. Aber meine kleine Schwester ist müde. Willst du gut zu uns sein? Willst du uns in eurer Scheune schlafen lassen?«

Das Mädchen überlegte. »Wenn ihr ganz leise seid, wird niemand etwas merken. Bei uns wird heute Hochzeit gefeiert. Meine Schwester ist die Braut.«

Nauka nickte. »Ich habe sie gesehen. Sie ist sehr schön. Gott soll sie segnen und ihr viele Kinder schenken.«

Das Mädchen lachte. »Wie feierlich du bist! Aber ich mag dich gern. Ich finde, Zigeuner sind ganz besondere Menschen. Meine Patentante sagt das auch. Aber jetzt kommt, damit niemand euch sieht. Sie essen noch alle drinnen. Ich will euch auch etwas bringen.«

»Ja!« rief Pimmi. »Und etwas zu trinken!«

Das Mädchen führte sie in die Scheune und zeigte ihnen die Leiter zum Heuboden. Dann lief es fort. Bald darauf brachte es einen zugedeckten Korb.

»Fleisch!« rief Pimmi. »Und Kuchen! Und Milch! O Nauka!«

Sie aß und trank und war wieder ganz vergnügt. Bald schlief sie ein, den Kopf in Naukas Arm gelegt. Ein Lichtstrahl fiel durch die Luke auf ihr kleines braunes Gesicht. Nun hatte Pimmi nur noch Nauka. Und Nauka beugte sich über sie und strich ihr die Haare aus der Stirn.

Sie lag noch lange wach. Wohin sollten sie morgen wandern, wenn das Mädchen die Wahrheit gesagt hatte? Wie weit war der Weg nach Otterau? Würden sie dort die Mutter finden?

Vom Hochzeitshaus herüber drang noch lange der fröhliche Festlärm. Dort waren glückliche Menschen. Die hatten in festen Häusern ihren Platz an den Tischen. Die konnten sagen: Mein. Mein Haus, mein Dach, mein Tisch, mein Vieh, mein Land. Immer sahen sie die gleichen Bäume vor ihren Fenstern, immer wanderten sie auf den gleichen Wegen zwischen Haus und Feld, Wald und Dorf. Sonne und Mond gingen für sie immer hinter dem gleichen Hügel auf. War es wohl besser, so zu leben? Besser als das endlose Wandern über fremde Straßen?

Wo standen nun die Wagen? Wo waren die Eltern, die Freunde? Irgendwo an einem Waldrand, irgendwo auf einem Brachfeld, irgendwo, irgendwo. Und Nauka wischte mit dem Arm über ihr Gesicht, damit ihre Tränen nicht auf Pimmi fielen.

Die Wagen standen zu dieser Stunde in Otterau, dort wo die kleine Stadt zu Ende war und ein Brückchen über den Bach führte. Nahe beim Wasser brannte ein Feuer. Vier Frauen saßen daran.

Da saß die alte Großmutter Mara, die Mami. Sie rauchte eine kurze Pfeife und blickte schweigend in die lodernden Flammen.

Da saß die große, hagere Jerika, ihre älteste Tochter mit der kleinen Nuna im Schoß. Manchmal hob sie den Kopf und rief ein schnelles, scharfes Wort zur Böschung hinauf, wo im Lastwagen unter den Weiden ihre vier anderen Kinder immer noch lärmten und nicht einschlafen wollten.

Da saß Ninja, die Dicke, die Gutmütige, Maras zweite Tochter, mit ihrem geblümten Kleid und dem braunen Lebkuchengesicht. Sie streichelte Nunas nackte Füßchen, weil sie doch selbst keine Kinder von Gott geschenkt bekam.

Da saß auch Savina, und sie hielt ihre Hände fest ineinandergeschlungen.

Alle dachten an Nauka und Pimmi, die verlorenen Kinder. Weshalb waren sie nicht zur rechten Zeit zum Steinbruch zurückgekommen?

Auch an die Männer im Gefängnis dachten die Frauen. Aber sie machten sich ihretwegen nicht viel Sorgen. Man würde schon merken, daß sie das Vieh nicht gestohlen hatten, man würde sie bald wieder freilassen.

Jetzt sagte Savina: »Ich fahre. Und ich bitte dich, Mutter Mara, komm mit mir und Branko, damit wir die Kinder suchen! Ehe es Tag wird, können wir wieder in Gerlau sein. Jerika und Ninja mögen hier warten, bis wir zurück sind.«

»Es ist nicht gut, bei der Nacht zu fahren«, sagte die alte Mara. »Besser ist es zu warten. Nauka ist klug. Sie kommt zum Steinbruch und sieht, daß die Wagen fort sind. Sie fragt die Leute, und man sagt ihr, was geschehen ist. Man sagt ihr, daß die Männer nach Otterau ins Gefängnis mußten und daß auch wir hier sind. Eine gute Seele zeigt ihr den Weg, und sie kommt hierher, morgen oder übermorgen. Wir müssen warten.«

»Hier!« rief Jerika aufgeregt. »Hier, wo alle Leute wissen, daß unsere Männer im Gefängnis sind? Wer glaubt uns denn, daß wir kein Vieh gestohlen haben? Mit den Fingern zeigt man auf uns: Seht die Frauen der Viehdiebe! Seht die Räuberfrauen! Will jemand Savinas Deckchen kaufen? Will jemand Ninjas Lebkuchen essen? Will jemand Jerikas Zirkusschau sehen, Jerikas Söhne und Jerikas Wunderhunde? Niemand, sage ich, niemand! Und was gebe ich ihnen zu essen, meinen Kindern und meinen Hunden? Wir wollten nach Blasberg zum Jahrmarkt fahren. Das wissen auch unsere Männer. Hier warten! Hier sitzen und hungern und uns von den Leuten anstarren lassen! Und in Blasberg läuft das Geld uns fort und versteckt sich in den fremden Taschen! Nein, ich fahre morgen dorthin. Und du kommst mit mir, Ninja! Oder meinst du, es wäre deinem Jerko recht, wenn eure Lebkuchen im Kasten verschimmeln, und die Leute kaufen für gutes Geld das schlechte Zeug von den anderen Händlern? Ihr mögt hier warten. Ich fahre. Ich kann auch schon einen Platz für Savinas Stand mieten.«

»Du redest viel, Jerika! Aber helfen willst du uns nicht! Wessen Schuld ist es denn, daß die Polizei kam? Wer hat im Steinbruch das Messer gezogen? Dein Mann, dein Bubala!« rief Savina zornig.

»He, Bubala, immer Bubala!« schrie Jerika zurück. »Und

wer hat den Streit mit den Arbeitern angefangen? Wer hat starrsinnig wie ein Esel gesagt: Wir gehen keinen Schritt von hier fort, weil wir auf die Kinder warten müssen? Wer? Dein Tino, und du, Savina! Ihr habt den Streit angefangen, nur ihr, und nur darum, weil deine Nauka sich irgendwo herumgetrieben hat!«

»Giftkraut! Böse Zunge!« fuhr Savina auf sie los.

»Oh, oh, oh!« jammerte Ninja und warf sich mit ihrer ganzen Breite zwischen die wütenden Schwestern. Die waren bereit, mit Fäusten und Nägeln aufeinander loszugehen.

»Schweigt!« sagte die alte Mara scharf. »Jetzt rede ich! Du, Jerika, achte auf deine Worte. Wenn du Nauka beleidigst, wirst du dich vor der Sippe verantworten müssen. Nimm zurück, was du gesagt hast.«

»Ich nehme es zurück«, murmelte Jerika und machte sich mit Nuna zu schaffen.

»Und du, Savina, nimm zurück, was du gegen deine Schwester Jerika gesagt hast!«

»Ich nehme es zurück«, sagte auch Savina.

»Jetzt hört, was ich zu sagen habe: Es ist nicht gut, wenn wir uns trennen. Aber eure Herzen sind aufgeregt. Deshalb sollen Jerika und Ninja nach Blasberg vorausfahren. Wir warten hier auf die Kinder.«

»Niemals warte ich hier, niemals!« rief Savina. »Soll ich meine Kinder nicht suchen dürfen? Soll ich eine schlechte Mutter sein?«

Mara schüttelte den Kopf. »Wo willst du sie suchen, Savina? Viele Straßen und Wege führen von Gerlau hierher. Ich meine auch, es ist gut, wenn die Kinder den Weg allein finden müssen. Es ist eine Probe für sie.«

Da beugte Savina sich tief über die Hände in ihrem Schoß und weinte.

»Ich kann nicht warten, ich kann nicht!« flüsterte sie.

Alle schwiegen. Ninja und Jerika hoben jede eine Hand und berührten sanft die Schultern der Schwester. Lange blickte die alte Frau ihre Töchter an. Dann klopfte sie ihre Pfeife aus und strich mit ihren gekrümmten Fingern durch die Flammen.

»Wie Feuer ist das Herz meiner Tochter Savina, so heiß und so ungebärdig«, sagte sie leise. »Alles Unglück kommt schnell wie das Wetter. Man muß es aushalten, man muß unter eine Plane kriechen und die Augen schließen und darauf horchen, was das Unglück uns sagt. Immer sagt es: Sei geduldig. Wer das Glück rufen will und das Gute, muß warten können, Savina. Wieviel mußt du noch lernen! Aber ich will deinen Willen tun und mit dir fahren, wenn ich auch meine, daß es vergeblich sein wird. In der Frühe, ehe die Sonne kommt, brechen wir auf. Du, Jerika, fährst nach Blasberg. Du, Ninja, bleibst hier.«

»Allein? Ganz allein?« fragte Ninja mit aufgerissenen Augen.

»Allein, Ninja. Gott wird uns alle wieder zusammenführen. Unser Treffpunkt soll Blasberg sein. Kommen wir nicht, ehe der Jahrmarkt zu Ende geht, dann suchst du, Jerika, ein Winterquartier dort. Wir kennen ja die Wohnungen der armen Leute am Stadtrand beim Gertrudenhof. Es wird Zeit, daß wir die Wagen abstellen. Geht schlafen jetzt, Töchter.«

Sara und Macki

Früh am anderen Morgen kam das Mädchen und weckte die Kinder. Es führte sie in den Grasgarten hinter der Scheune und erklärte ihnen den Weg zum Steinbruch. Wieder brachte es ihnen Brot, Wurst und Kuchen, und Nauka tat alles in ihren Beutel.

»Du bist gut zu den fremden Kindern«, sagte sie. »Wir danken dir.«

»Ihr tut mir leid«, sagte das Mädchen. »Es muß schrecklich sein, wenn man ein Zigeunermädchen ist.«

Nauka sah sie an und lächelte. »Ihr seid ein Volk, und wir sind ein Volk. Aber willst du mir deinen Namen sagen, und willst du mir die Hand geben?«

»Anna heiße ich«, antwortete das Mädchen. Und sie gaben sich die Hände und standen beieinander unter den Bäumen und wußten nichts mehr zu sagen. Endlich hob Nauka den Beutel auf die Schulter.

»Wir wünschen Anna Glück und Segen. Wir werden immer an sie denken, wenn andere Menschen unfreundlich zu uns sind. Bleib mit Gott, Anna!«

»Auf Wiedersehen, Nauka und Pimmi!« sagte das Mädchen.

Aber Pimmi flüsterte ihr zu: »Du mußt sagen: Geht mit Gott! So ist es richtig.«

»Geht mit Gott!« sagte das Mädchen.

Da faßte Pimmi schnell ihre Hand und küßte sie und machte einen tiefen Knicks dabei. Anna lachte verlegen. Wie seltsam diese fremden Kinder waren!

Jetzt schlüpften die beiden durch die Hecke und gingen den Weg zum Wald hinauf. Einmal blieben sie stehen und sahen zurück. Das Mädchen Anna stand noch unter den Bäumen und blickte ihnen nach. Es hob den Arm und winkte.

Lustig stapfte Pimmi vor Nauka her über den grasigen Weg. Die Halme hingen so dicht voller Tautropfen, daß sie wie bereift aussahen. Wo sie gingen, blieb eine dunkle Spur hinter ihnen. Pimmi lief im Zickzack, in Bogen und Kreisen, und freute sich an dem gemusterten Weg. Daß ihre nackten Füße blau von Kälte wurden, das kümmerte sie nicht.

Jetzt ging die Sonne auf, und alle Vögel lärmten in den Bäumen. War dies nicht ein schöner Tag? Und trug nicht Nauka in ihrem Beutel Brot, Wurst und Kuchen? Und würden sie nicht bald zum Steinbruch kommen, wo die Wagen standen, wo Mutter und Vater warteten?

»Du machst dich müde«, sagte Nauka. »Wir werden heute noch weit wandern müssen.«

»Nein«, sagte Pimmi. »Es ist nicht mehr weit. Dieser Weg ist der richtige Weg. Erkennst du ihn nicht?« Und sie hüpfte und rannte weiter.

Da sahen sie die Felsen.

»A–hi! A–ho!« schrie Pimmi. Quer durch den Wald schoß sie davon und war ein kleiner Vogel, der zum Nest zurückfliegt. Nauka lief ihr nach. Jetzt dachte sie, das Mädchen Anna könnte sich doch wohl auch geirrt haben? Dann würden sie gleich die Wagen sehen. Gleich würde Vater Tino den wirren, schwarzhaarigen Kopf aus dem Wagenfensterchen strecken. Gleich würde Mutter Savina das Treppchen hinablaufen. Gleich käme hinterdrein im flatternden weißen Hemd der lustige Bruder Branko. Gleich würde einer an Jerikas Wagen die Plane zurückschlagen, gleich Tante Ninja die geblümten Gardinen beiseite schieben, – und gleich Mateo verschlafen aus dem kleinen Zelt kriechen und lachen und winken! Ach, Nauka wollte so gern glauben, daß Anna sich geirrt hätte. Und sie lief hinter Pimmi her.

Dann standen sie hoch über dem steinernen Kessel. Noch lag der Grund im Schatten. Aber sie konnten sehen, daß keine Wagen dort standen. Mit offenem Mund starrte Pimmi hinab.

»Es ist der falsche Steinbruch, Nauka!« flüsterte sie.

Nauka schüttelte den Kopf und zog sie dicht zu sich heran. Nun wußten sie, daß sie allein waren, Nauka und Pimmi, Pimmi und Nauka. Sie hatten kein Nest wie die kleinen Vögel über ihnen in den Bäumen. Sie hatten keine Höhle wie die kleine Maus, die vor ihren Füßen durch das Heidelbeerkraut flüchtete.

Sie stiegen am Felsrand entlang nach unten. Die Arbeiter hatten schon an der Einfahrt zum Steinbruch das Brombeergestrüpp und die Haselbüsche gerodet. So konnten die Kinder nicht sehen, ob man für sie als Wegzeichen einen geknickten Ast dort zurückgelassen hatte. In welche Richtung waren die Wagen gefahren?

Die Tür der halbverfallenen Schutzhütte war mit frischen weißen Brettern geflickt. Ein blitzendes Schloß hing jetzt davor. Pimmi betastete es, schnupperte daran und zog die Nase kraus. Dann stellte sie sich mitten in das steinerne Halbrund und rief alle Namen, alle guten, freundlichen Namen: »Mutter Savina! Vater Tino! Bruder Branko! Mara-Mami!«

Und sie rief: »Tante Ninja! Onkel Jerko!«

Und sie rief: »Tante Jerika! Onkel Bubala! Hotolo, Pepe, Frisko, Tutta! Nuna!«

Und sie rief: »Onkel Panelon! Mateo! Ringelblume! Onkel Panelon!«

Mit dem Echo fuhren die Namen zwischen den Felsen, den grauen, den tauben hin und her, und es antworteten ihr nur die Steine.

Auf einem halb behauenen Block saß Nauka und blickte sich um. Dort und dort und dort waren noch die Spuren der Feuerstellen. Hier hatte der grüne Wohnwagen gestanden, hier Tante Ninjas weißer Anhänger, daneben Tante Jerikas Lastwagen, zwischen den Büschen drüben Onkel Panelons Karren. Neben der Schutzhütte auf dem Rasenfleck hatte Ringelblume geweidet, Onkel Panelons und Mateos Pferd. Wie seltsam Mateo war! Er wollte nicht wie jetzt alle anderen Zigeuner mit einem Auto fahren, ihm war wie seinem Vater die alte Stute lieber. Und er las in Büchern, und er schrieb die Stücke für sein Puppentheater in dicke Schreibhefte! Hier, auf diesem Block hatte er gestern gesessen und eine neue Puppe geschnitzt, hier, wo Nauka jetzt saß. Sie streichelte den kühlen, feuchten Stein mit der Hand, und die Gedanken liefen ihr fort.

»Sara! Sara!« schrie Pimmi da plötzlich.

Nauka fuhr sich mit der Hand über das Gesicht und stand auf. »Sei leise«, sagte sie. »Bald können die Arbeiter kommen. Wir wollen fortgehen und den Weg nach Otterau suchen.«

Aber Pimmi hing mit zappelnden Armen und Beinen in der Felswand.

Nun sah Nauka, was Pimmi entdeckt hatte: Auf einem kleinen Vorsprung saß in einem Büschel blühender Glockenblumen eine Spielpuppe, Mateos Puppe Sara! Weit nach rechts war ihr hölzerner Kopf gedreht, und nach rechts wiesen die beiden Puppenhändchen mit den gespreizten Fingern. Ein rotes Band war in Saras schwarzen Zopf geflochten, und der lag über ihrer rechten Schulter. Nauka sah das alles mit einem Blick und wußte: Nach rechts mußten sie wandern, nach Süden. Mateo hatte ihnen die Puppe als Wegzeichen zurückgelassen.

»Halt!« rief Nauka. »Halt, Pimmi, ich hole sie!«

»Nein, ich, nein, ich!« Und wie ein eigensinniges Kätzchen krallte Pimmi sich in die Steine. Jeden ihrer Finger mußte Nauka einzeln losmachen. Sie lachten und balgten sich, bis Nauka mit ihrem längeren Arm über Pimmis Kopf griff und die Puppe herabzog.

»Meine Sara!« rief sie und drückte sie an sich. »Mateo hat sie geschnitzt!«

»Mateo, ja!« sagte Pimmi mit düsterem Gesicht. »Mateo wird ja auch dein Mann sein!«

»Sei still!« rief Nauka. »Woher weißt du das?« Sie wurde rot und lief mit der Puppe zu ihrem Stein zurück.

»Ich weiß es eben.«

»Wer weiß es noch?« fragte Nauka streng.

»Der Mond! Ich habe es ihm gesagt, als ich einmal traurig war, weil du ihn so liebhast, den Mateo.«

»Was verstehst du davon«, murmelte Nauka, und sie beugte sich tief über die Puppe in ihrem Arm. Sie streichelte sie, wie man ein kleines Kind streichelt. Diese Puppe hatte Mateo geschnitzt, und er hatte ihr Naukas Gesicht gegeben. Das wußte sie, das hatte der alte Panelon ihr gesagt, und alle konnten es sehen. Jetzt hing sie mit schlaffen Gliedern in ihrem Schoß, die schöne Puppe, und ihre gemalten Augen starrten stumpf zum Morgenhimmel. Als aber Mateo sie geführt hatte an ihren Drähten und Rollen, da hatte sie gelebt, da hatte sie getanzt, schöner als Nauka je tanzen konnte abends am Lagerfeuer. Sie war eine wertvolle Puppe. Und nur zum Wegzeichen hatte Mateo sie hier zurückgelassen? Nur zum Wegzeichen?

Pimmi stand jetzt neben Nauka und sah sie ängstlich an. Denn sie merkte gut, daß Naukas Seele wieder fortgelaufen war von hier. Aber Pimmi hörte Motorenlärm durch den Wald näher kommen. Sie mußte Naukas Seele zurückrufen, auch wenn man das eigentlich nicht tun soll. Ganz vorsichtig stieß sie mit ihrem Kopf an Naukas Schulter. Die hob die Augen, horchte und sprang gleich auf.

Mit wehenden Röcken liefen sie aus dem Steinbruch und versteckten sich im Wald unter hohem Farnkraut. Wer kam da? Ach, nur die Arbeiter, die Fremden! Sie stellten ihre

Motorräder ab und luden allerhand Werkzeug von einem kleinen Lastauto. Zurufe und Gelächter hallte zwischen den Felsen. Einmal hörte Nauka das Wort »Zigeuner«. Machten sie sich lustig über die Armen, die sie vertrieben hatten? Nauka zupfte Pimmi am Rock und begann, langsam rückwärts zu kriechen.

Doch da fuhr Pimmi plötzlich hoch, schrie gellend: »Da! Da!« und stürzte auf ein Gebüsch zu. Sie kümmerte sich nicht um die Männer, die sie nun alle sahen und »He! Hallo! He!« riefen. Auch um Nauka kümmerte sie sich nicht, die starr und blaß vor Schrecken aus dem Farnkraut auftauchte, ihr nachlief und sie packen wollte. Pimmi wirbelte davon und war eine kleine, bunte Wolke, die über den Waldboden dahinfuhr. Jetzt griff sie in ein Weidengebüsch, wandte sich schon wieder um und kam Nauka entgegen. Dann rannten sie beide den breiten Waldweg hinunter. Die fremden Männer johlten, lachten und schimpften hinter ihnen her. Naukas Rock war noch naß vom Tau und klatschte ihr um die Beine, der Beutel tanzte auf ihrem Rücken, und Puppe Saras harter Kopf schlug ihr bei jedem Schritt und Sprung an die Hüfte. Nauka war ärgerlich. Doch davon merkte Pimmi nichts. Sie hielt im Laufen beide Hände vor ihre Brust gepreßt und lachte gluckernd und japsend. Was mochte sie gefunden haben? Doch jetzt war keine Zeit zum Schelten und Fragen. Sie fanden einen Seitenpfad, stürmten ihn hinunter und einen anderen wieder hinauf, sie sprangen über Wurzeln und Steine und schlugen Haken und Bogen wie flüchtende Hasen.

Endlich, in einem dunklen Tannenschlag, hielten sie an und lauschten. Ganz still war es hier, weit weg lag der Steinbruch mit den bösen fremden Männern.

»Mau! Maa–u!« machte etwas unter Pimmis Kleid, und etwas drängte sich zwischen ihren Fingern hervor, sprengte einen Knopf ab und wuselte sich ins Licht: Ein grau getigertes Katzenköpfchen, rosige Ohren und ein feuchtes Schnäuzchen. Pimmi hatte Macki gefunden, das Kätzchen mit den drei weißen Pfoten!

Da ließ Nauka sich auf den weichen Tannennadelboden

fallen und zog Pimmi in ihren Schoß. Sie wiegte das Schwesterchen in ihren Armen und lachte und lachte.

»Wir müssen ein Fest feiern, Nauka!« sagte Pimmi und bohrte ihren Kopf in Naukas Halsgrube. »Und Macki muß Wurst bekommen, ganz viel. Bestimmt hat sie großen Hunger. Ich auch, Nauka, ich habe auch Hunger!«

Wahrhaftig, war dies nicht die rechte Stunde, um ein Fest zu feiern? Sie hatten Sara gefunden, und sie hatten Macki gefunden. Freundliche Zeichen schenkte ihnen dieser Tag. Alles würde wieder gut werden. Und es ist gewiß eine Sünde und eine große Undankbarkeit, wenn man die guten Stunden und Tage nicht feiert und sie ehrt mit einem Fest!

Sie gingen noch ein Stück weiter, bis sie einen fröhlichen, klaren Waldbach fanden. Dem folgten sie talwärts, mit hoch geschürzten Röcken durch das eiskalte Wasser patschend. Sie fanden eine kleine sandige Bucht, weit abseits von allen Wegen, mitten im Wald unter Büschen und Bäumen. Hier wollten sie bleiben. Denn es ist wichtig, daß man den rechten Platz unter dem Himmel findet, wenn man ein Fest feiern will.

Pimmi hatte schon Annas Paket ausgepackt, und auf schön geglätteten Papieren breitete sie Brot, Wurst und Kuchen aus. Denn gutes Essen gehört auch dazu, wenn man ein Fest feiern will.

Vor allem aber muß man einen Menschen bei sich haben, mit dem man alles teilen kann: Die gute Stunde, die Freude und die Mahlzeit. Dann wird die eilige Zeit stille stehn, solange das Fest dauert.

Als sie mit den Vorbereitungen fertig waren, setzten Nauka und Pimmi sich nieder. Sie aßen die guten Dinge, sie tranken Wasser dazu aus der hohlen Hand und redeten über alle ihre Erlebnisse.

Pimmi sagte: »Ich weiß, wer zu Macki gesagt hat, daß sie auf mich warten soll.«

»Wer hat es gesagt?« fragte Nauka.

»Panelon! Er kann mit den Tieren sprechen. Redet er nicht auch mit Ringelblume, und sie versteht ihn? Er kann auch mit den Kindern sprechen, und er versteht immer, was sie meinen. Manchmal spricht er auch mit dem Mond oder mit dem Wind, und sie geben ihm Antwort.«

Zwischen dem wunderlichen alten Panelon und Pimmi gab es eine besondere Freundschaft. Von allen Männern und Frauen und Kindern der Sippe verstand Pimmi am besten die seltsamen Umwege, die seine Gedanken gingen. Und wenn seine große Traurigkeit kam, dann konnte niemand ihn so gut trösten wie Pimmi. Noch nicht einmal die weise alte Mara-Mami, die doch seine Schwester war, und fast alles wußte.

»Wenn Mateo dein Mann ist«, sagte Pimmi jetzt, »dann will ich Panelon heiraten und immer mit euch im kleinen Wagen fahren.«

Nauka lachte. »O Pimmi! Er ist doch ein alter Mann, noch älter als Mara-Mami! Und du bist ein kleines Mädchen.«

Dann wurde sie wieder so rot wie eine schöne Mohnblume und beugte sich tief über die Puppe Sara. Noch nie hatte sie mit Mateo ein anderes Wort gesprochen als mit den Söhnen von Tante Jerika oder den Onkeln. Wie wäre das auch erlaubt gewesen, solange nicht Vater Tino und Onkel Panelon miteinander über Nauka und Mateo gesprochen hatten?

Doch hatte nicht Sara ihr jetzt von Mateo geheime Botschaft zu bringen? Und Naukas Gedanken fragten die Puppe: Was sollst du mir sagen, du Schöne? Doch stumm blieb der Puppenmund. Vorsichtig nahm Nauka sie von dem Sitz auf dem moosigen Stein. Und als ihre Hände sie jetzt berührten, verstand sie auch, welche Botschaft Sara ihr brachte: Eine Spielbotschaft, eine Puppenbotschaft! Tanzen wollte die Puppe Sara, so wie sie unter Mateos Händen getanzt hatte. Schon hob sie den rechten Fuß, den linken, winkelte die Arme an und legte den Kopf in den Nacken. Nun drehte sie sich, nun wiegte sie sich, nun tanzte die Puppe Sara! Damit die einsamen Kinder nicht traurig sein sollten, deshalb hatte Mateo die Puppe für sie in die Felsen gesetzt. Deshalb war ihr seidenes Kleid so blau wie der Himmel und die Schleife in ihrem Haar so rot wie die Freude, die Liebe! Seidene, rote Bänder schenkten die Verlobten ihren Mädchen, rote Bänder, in die Zöpfe zu flechten beim Fest und beim Tanz! Und Nauka lächelte, und Pimmi sah sie von der Seite an und seufzte ein bißchen, weil sie doch merkte, daß Nauka jetzt gar nicht an die kleine Schwester dachte.

So laut seufzte sie, daß Nauka endlich ihre Gedanken zurückrief an den Waldbach, in diesen Morgen und zu Pimmi, die so viel liebgehabt werden mußte. Sie summte eine alte Melodie, nach der sie selbst schon oft getanzt hatte, wenn abends am Lagerfeuer Vater Tinos Geige sie lockte. Die Worte kannte sie nicht, nur das langgezogene »Ay, ay, ay–a!«, mit dem das Lied begann. Sie sang, was ihr in den Sinn kam, und sie sang für Pimmi:

»Ay, ay, ay–a!
Ay, ay, ay!
Weich wie Seide,
blaue Seide,
weht ein Wind,
ein Wind von Westen.
Hab kein Haus, kein Dach, kein Bettchen,
hab kein Pferdchen, keinen Wagen,
hab kein Feuer und kein Pfännchen –
ay, ay, ay–a!
Für die kleine Schwester.«

Pimmi lachte und klatschte mit den Händen den Takt, und die schöne Puppe Sara lief mit stampfenden Füßchen gehorsam den Tönen nach.

Nauka sang weiter:

»Ay, ay, ay–a!
Ay, ay, ay!
Kühl wie Seide,
weiße Seide,
weht ein Wind,
ein Wind von Norden!
Schwarze Schatten, graue Steine,
sagt, wo sind die bunten Wagen?

Sagt den Weg und sagt die Straße –
ay, ay, ay–a!
Für die kleine Schwester!«

»Wie schön!« rief Pimmi. Denn auch traurige Lieder sind schön; sie singen die Not und die Dunkelheit aus den Herzen fort. Und: »Weiter, Sara, weiter!« rief Pimmi. Denn niemand konnte sagen, ob es Nauka war oder Sara, die da sang und tanzte:

»Ay, ay, ay–a!
Ay, ay, ay!
Hell wie Seide,
grüne Seide,
weht ein Wind,
ein Wind von Osten.
Bei den grünen, grünen Wassern
will ich tanzen, will ich singen!
Hab doch Kuchen noch im Beutel
ay, ay, ay–a!
Für die kleine Schwester!«

Macki, das Kätzchen, hatte bis jetzt noch still in Pimmis Schoß gesessen. Als aber nun Sara lustig zu wirbeln begann und ihre kleinen Hände im Takt auf und nieder fuhren, da sprang Macki mit einem Satz auf die Puppe zu. Sie stellte sich auf die Hinterbeine und haschte mit den Pfoten nach dem lustigen Ding. Aber Nauka ließ Sara immer wieder davongleiten. So mußte auch Macki nun tänzeln und springen. Fast sah es so aus, als tanzten die beiden miteinander. Laut auf lachte Pimmi, und Nauka sang:

»Ay, ay, ay–a!
Ay, ay, ay
Schön wie Seide,
rote Seide,
weht ein Wind,
ein Wind von Süden.

Sonne, Mond und goldne Sterne
führen uns zu unsern Wagen!
Pflück' ich roten Mohn am Wege –
ay, ay, ay–a!
Für die kleine Schwester!«

»Weiter, Nauka, weiter!« rief Pimmi.

Aber Nauka sah zum Himmel auf. Hoch von Mittag schickte die Sonne jetzt ihre Strahlen durch die Zweige. Eilig packten sie alles zusammen. Macki mußte wieder auf ihren Platz in Pimmis Kleid, und Puppe Sara hockte müde mit hängendem Kopf in Naukas Beutel. Zu Ende war das Fest, sie mußten wieder wandern und den Weg nach Otterau suchen.

Sie richteten sich nach dem Sonnenstand. Am liebsten wären sie immer auf den stillen Waldwegen geblieben, wo ihnen nur selten jemand begegnete. Aber am späten Nachmittag mußten sie doch ins Tal hinabsteigen. Pimmi hatte sich schon am Morgen bei der Flucht aus dem Steinbruch einen Zeh blutig gestoßen. Nun humpelte und hopste sie recht mühsam daher.

So kaufte Nauka im kleinen Dorfladen ein Pflaster. Und weil vom Verkauf der Deckchen noch genug Geld in ihrer Rocktasche war, ließ sie sich auch einen kleinen Kochtopf, einen billigen Blechlöffel, etwas Salz und eine Schachtel Streichhölzer geben. Am Ende hatte sie nur noch ein paar Kupferpfennige, aber das bekümmerte sie nicht. Noch hatten sie Brot und einen Zipfel Wurst, auch noch ein Stückchen Kuchen. Aber mußte nicht Nauka jetzt bei Pimmi die Mutter ersetzen und gut für sie sorgen? Wenn sie heute abend ein Feuer anzünden und ihr Suppentöpfchen in die Flammen hängen konnte, würden sie ein richtiges Lager haben!

Der Mann im Laden war neugierig.

»Wo habt ihr eure Leute?« fragte er. »Ich dachte, jetzt wären keine Zigeuner mehr in der Gegend?«

»Dort!« sagte Nauka und wies in eine unbestimmte Richtung.

»Und wohin wollt ihr jetzt?«

Nauka hätte ihm sagen können: Nach Otterau. Aber sie zeigte nach Norden und sagte: »Dorthin!«

»Hierhin – dorthin!« sagte der Mann. »Ihr habt es gut, ihr Zigeunervolk! Ihr laßt den lieben Gott für euch sorgen und fahrt einfach immer nur so durch die schöne Welt! Das könnte unsereinem auch gefallen!«

»Ja«, sagte Nauka, »wir lassen den lieben Gott für uns sorgen!« und ging mit Pimmi hinaus.

Draußen auf der Treppe zwinkerte Pimmi ihr zu und öffnete verstohlen ihre braune Faust: Ein blankes, neues Taschenmesser lag darin!

»Gefunden!« sagte Pimmi stolz.

»O Pimmi!« rief Nauka. »Wir haben doch ein Messer in meinem Beutel! Und man darf doch nur dann etwas nehmen, wenn man sehr, sehr hungrig ist! Wie oft haben Mutter Savina und Mara-Mami dir das gesagt! Gleich bringst du das Messer zurück!«

Finster betrachtete Pimmi das herrliche Ding in ihrer Hand.

»Zwei Klingen, ein Korkenzieher und eine kleine Schere!« murmelte sie. »Eine winzige Schere zum Aufklappen!«

»Du bringst es zurück!«

»Er ist doch ein Fremder, der Mann! Und er hat gar nicht freundlich gesprochen.«

Aber Nauka nahm Pimmis Hand und ging mit ihr in den Laden zurück. Sie kaufte zwei eingewickelte Bonbons für die letzten Pfennige, die sie noch besaß. Inzwischen wanderte das Messer unbemerkt wieder auf seinen Platz. Im Hinausgehen warf Pimmi ihm über die Schulter einen langen, traurigen Abschiedsblick zu. Natürlich ahnte der Mann im Laden nicht, weshalb sie so bekümmert aussah, und weil er im Grunde doch ein bißchen freundlich war, warf er nun Pimmi ein drittes Bonbon zu.

»Da! Fang auf, Kleine!«

Doch Pimmi tat, als sähe und hörte sie nichts. Nauka mußte sich bücken.

»Von dem will ich nichts geschenkt haben«, knurrte Pimmi, als sie wieder auf der Straße waren.

Draußen vor dem Dorf setzten sie sich an den Grabenrand. Nauka pflückte saftige Wegerichblätter, kaute sie gründlich durch und strich den grünen Brei auf Pimmis Wunde. Dann wurde das rosa Pflaster darübergeklebt, und das Ganze sah so wunderbar aus, daß Pimmi ihren Fuß stolz in die Luft streckte.

Sie hatte aber wenig Lust, gleich wieder weiterzuwandern und stöhnte ein bißchen und überredete Nauka, noch sitzen zu bleiben.

Sie teilten sich das letzte Kuchenstück, lutschten die Bonbons und betrachteten stolz den feinen neuen Kochtopf, den blitzenden Löffel und ihre anderen Einkäufe. Heute konnten sie Otterau doch nicht mehr erreichen. Nauka hatte auf einem Straßenschild gelesen, wie weit es noch war bis dorthin. Und eigentlich gefiel es ihnen jetzt schon recht gut, so allein durch die Welt zu streifen. Auch Nauka machte sich nun keine Sorgen mehr.

Sie spielte mit Sara und flocht ihren dicken schwarzen Zopf neu. Weil Pimmi so sehr bettelte, ließ sie die Puppe auch wieder tanzen und sang dazu das Lied von den vier Winden. Sie versuchten, Macki beizubringen, daß sie die Puppe nicht kratzen und nicht beißen durfte. Aber Macki fauchte nur ärgerlich und japste vor Anstrengung, weil Sara sie so frech neckte und foppte und ihr immer wieder entwischte.

Manchmal fuhren Wagen und Autos an ihnen vorüber, doch die Kinder kümmerten sich nicht um die Leute und ihre neugierigen Blicke.

Da fiel plötzlich ein breiter Schatten über die tanzende Sara, und ein Mann sagte:

»Wie schön! Eine wunderbare Marionette habt ihr da!«

Nauka wurde rot, weil er ihr Singen gehört haben mußte, und sie antwortete ihm nicht. Sie sah aber, daß er ein freundlicher Mann war, nicht neugierig und nicht hochmütig wie die Fremden so oft. Sein Kopf war kahl und blank und sein Bauch hübsch gemütlich rund.

»Wollen Sie nicht weitersingen?«

Nauka schüttelte den Kopf.

Pimmi stieß sie an: »Sing doch! Vielleicht gibt er uns Geld dafür!« flüsterte sie.

Nauka tat, als hätte sie nichts gehört und steckte Sara in den Beutel.

Der Mann tat auch, als hätte er nichts gehört, und betrachtete Pimmis Fuß mit dem rosa-grünen Zeh.

»Was ist das?« fragte er.

»Ein Verband!« sagte Pimmi stolz. »Nauka hat ihn gemacht.«

»Und was für ein Grünzeug haben Sie dem Kind da aufgeklebt?«

Nauka ärgerte sich, weil er »Grünzeug« sagte. Wegerich war eine wunderbare Pflanze. Gott ließ sie für die Zigeuner an allen Wegen und Straßen wachsen, damit ihre Wunden heilen konnten. Was verstanden die Fremden schon von den geheimen Kräften der Heilkräuter? Nicht halb so viel, wie jedes Zigeunermädchen schon mit zehn Jahren wissen mußte!

Aber Nauka freute sich auch, weil der Mann »Sie« zu ihr sagte. So redeten die Fremden nur mit erwachsenen Frauen. Er hatte also gesehen, daß sie bald alt genug war, um zu heiraten! Deshalb antwortete sie ihm nun doch und sagte: »Wegerich, breiten und spitzen.«

»Ist die Wunde tief?«

»Sehr!« rief Pimmi und ließ ihre schwarzen Augen rollen. »Und es tut gräßlich weh! Und ich bin ein armes, kleines Zigeunermädchen, und wir wissen nicht, wo unsere Eltern sind, und wir müssen allein, ganz allein durch die weite Welt wandern, und so arm sind wir und so hungrig! Ach bitte, lieber Mann, schenken Sie uns . . .«

»Pfui, Pimmi!« flüsterte Nauka. »Du bettelst wie Tutta!«

»Aber es ist doch wahr, so gräßlich wahr!« jammerte Pimmi weiter.

»Zum Steinbruch sind wir gekommen, weg waren die Wagen, weg waren Mutter und Vater!«

»Oh!« sagte der Mann voller Mitleid. Und er fragte Nauka: »Wissen Sie wirklich nicht, wo Ihre Leute sind? Gehören Sie zu den Zigeunern, die man aus dem Gerlauer Steinbruch vertrieben hat?«

»Ja«, sagte Nauka kurz. Sie wollte Pimmi hochziehen, die aber zeterte:

»Ich kann doch nicht! Ich kann doch unmöglich nicht! Oh, oh, oh! Es tut doch so weh!«

»Warte, ich hole dir etwas aus meinem Auto!« sagte der Mann und lief schon.

»Sofort stehst du auf!« befahl Nauka.

Doch Pimmi rührte sich nicht. »Er bringt etwas, schau, er bringt etwas!« flüsterte sie.

Mit einer großen schwarzen Tasche kam der Mann zurück.

»Ich bin Arzt«, sagte er zu Nauka. »Doktor. Lassen Sie mich die Wunde versorgen. Bestimmt ist allerhand Straßenschmutz hineingekommen.«

Schon hatte er mit einem Ruck das Pflaster weggerissen. Pimmi brüllte und stieß mit dem Fuß nach dem Doktor. Der schüttelte nun auch noch aus einem Fläschchen eine braune Flüssigkeit über die Wunde. Pimmi schrie: »Er verbrennt mich, Nauka, er verbrennt mich!«

Unbewegt stand Nauka daneben. Sie sagte streng: »Du bist kein Zigeunerkind. Du heulst wie ein Dorfköter, pfui!«

Da biß Pimmi sich auf die Lippen und hielt still. Sie bekam einen neuen Verband, einen schneeweißen, der wieder mit einem rosa Pflaster verklebt wurde. Und der Doktor versprach ihr eine Mark, eine ganze, eine blanke, eine silberne Mark! Soviel Geld war schon eine Menge Schmerzen und Geschrei wert, fand Pimmi.

Während der Doktor Verbandszeug, Fläschchen und Schere in seine Tasche räumte, sagte er:

»Ich nehme an, daß Sie nach Otterau wollen? Wenn ich hier im Dorf meine Krankenbesuche gemacht habe, könnte ich Sie im Auto mitnehmen. Am besten bringe ich Sie zur Polizeiwache. Dort kann man Ihnen sagen . . .«

Weiter kam er nicht.

»Nein!« schrie Pimmi gellend. »Nein! Nein!« Aus wilden Augen starrte sie ihn an, schoß hoch und setzte schon mit einem Sprung über den Graben. Sie ließ Nauka, Macki und die blanke Mark im Stich, sie krabbelte blitzschnell auf allen vieren über die Böschung und lief humpelnd, hüpfend und stolpernd quer durch einen Acker den Berg hinauf.

»Komm schnell, Nauka, komm!« rief sie im Rennen, ohne sich umzusehen.

»Ja, aber . . ., ich wollte doch . . .«, stotterte der Doktor.

Nauka hatte schon Macki zu Sara in den Beutel gestopft. »Vielen Dank! Sie sind ein guter Mann, und Gott soll Sie segnen! Aber das hätten Sie nicht sagen sollen, das von der Polizei!« rief sie und hastete mit wehendem Rock hinter Pimmi her. Die würde nun laufen und laufen und nicht eher stille stehen, bis man sie festhielt.

»Nein, das hätte ich nicht sagen sollen«, murmelte der Doktor und sah ihnen kopfschüttelnd nach. Die Große würde doch wohl vernünftig sein und mit dem Kind zurückkommen?

Lange wartete er am Straßenrand. Er ging zu seinem Auto, hupte und wartete wieder. Schließlich stieg er ein Stück weit den Hang hinauf und rief:

»Pimmi! Nauka! Wo seid ihr? Kommt zurück! Keine Polizei, nein, keine Polizei!«

Doch niemand antwortete ihm. Dann kam ein Bauer mit der Hacke auf der Schulter den Weg herunter. Den fragte er, ob ihm zwei Zigeunermädchen begegnet seien? Aber der Mann lachte nur und sagte: »Wenn so ein schwarzes Weibsbild verschwinden will, dann verschwindet es! In Luft können die sich auflösen, – so: Pfft! Und weg sind sie!«

Also wischte der Doktor sich den Schweiß von Stirn und Nacken und machte sich auf den Rückweg.

Pimmi und Nauka aber hockten eng umschlungen hinter einer dichten Hecke und prusteten und kicherten.

»Pfft!« machte Pimmi. »Pfft! Und weg sind sie!«

Als das Doktorauto unten abgefahren war, wanderten sie weiter. Bald kamen sie auf einen freien Bergrücken. Links und rechts lagen unter ihnen in den Tälern die Dörfer mit ihren roten und grauen Dächern unter den breitästigen Bäumen. Wäsche flatterte auf den Hauswiesen, bunt blühte es in den Gärten. Hier und da stieg schon blauer Herdrauch aus den Kaminen. Die Hausfrauen kochten das Abendessen.

Nauka und Pimmi aber gingen dort oben in der Herbstsonne. Ihre Röcke bauschten sich im Wind, die Haare flogen ihnen um die Stirn. Sie brauchten kein Auto, um nach Otterau zu kommen. Was tat es, wenn sie einen Tag länger unterwegs waren? Schnell, schnell, nur immer schneller wollten die Fremden vom Fleck kommen. Doch Zigeuner haben Zeit, viel Zeit. Denn jede Stunde und jeden Tag schenkt ihnen Gott ja neue Zeit dazu, solange es ihm gefällt. Und wenn eines Menschen Zeit auf Erden verbraucht ist, dann geht er fort in das Land der Seelen, und dort hört die Zeit niemals auf. Weshalb sollten Pimmi und Nauka sich beeilen?

Sie fanden ein Feld mit Kartoffeln, und sie nahmen sich so viele, wie sie für ein Nachtmahl brauchten, nicht mehr. Sie fanden auch am Rande eines anderen Feldes eine Reihe Bohnen und Mohrrüben und Kohl. Auch davon nahmen sie nicht mehr als sie brauchten, um satt zu werden.

»Liebe Leute!« sagte Pimmi.

»Gott soll sie segnen!« sagte Nauka. Und war das nicht eine gute Bezahlung für ein paar Kartoffeln und eine Handvoll Gemüse?

Pimmi und Nauka dort oben auf der freien Höhe fanden auch ein Dach für die Nacht, so gut wie die Dächer im Tal. Ein Schober war das, gefüllt mit duftendem Heu. Der stand dort, wo wieder ein Hochwald begann. Die Stelle war windgeschützt, auch Wasser gab es in der Nähe. Das war wohl nur ein dünnes Rinnsal, aber etwas Sand und Lehm schadeten der guten Suppe nicht, die bald im Töpfchen über dem Reisigfeuer brodelte.

Was brauchten sie mehr? Über ihre Hände sprang der Flammenschein, über ihre Gesichter und ihre Haare. Schwarz stand der Wald hinter dem Schober. Aber sie fürchteten sich nicht. Sie waren beieinander, sie hatten ein Feuer, das bösen Geistern wehrte, sie hatten im Topf eine Suppe und noch Salz im Beutel.

Nauka war still und nachdenklich. Beim Auspacken hatte sie gemerkt, daß Saras rotes Haarband verlorengegangen war. Das mußte unten auf der Straße geschehen sein, als sie so eilig von dem guten Doktor Abschied nahmen. Ob das etwas Schlimmes bedeuten konnte?

Auch Pimmi war still. So aßen sie schweigend, und als Macki den Rest der guten Suppe aus dem Töpfchen geleckt hatte, warf Nauka feuchte Erde über das Feuer und wühlte eine warme Schlafhöhle für sie beide ins Heu. Sie lagen nebeneinander und sahen, wie Stern um Stern im Himmel aufblitzte.

»Wo ist der Mond?« fragte Pimmi. Denn sie sehnte sich danach, ihn zu sehen, weil es doch dunkel war, und weil sie nun wieder fühlte, wie Himmel und Erde so weit sich dehnten und wie klein Pimmi war.

»Hinter dem Wald«, sagte Nauka. »Dort, wo die Wagen sind.«

»Mond! Mond! Mond!« murmelte Pimmi. »Ich wünsche mir einen Wagen. Ich wünsche mir ein Pferd dazu, damit ich fahren kann.«

»Hast du Schmerzen in deinem Fuß?« fragte Nauka erschrocken.

»Nein«, sagte Pimmi. »Nein! Kein bißchen!« Denn es war ja dunkel, und Nauka konnte nicht sehen, daß Pimmis Augen so ängstlich hin und her fuhren, wie sie es immer taten, wenn Pimmi log.

Zu dieser Stunde war unten an der Landstraße ein zweirädriger Karren vorübergeklappert. Ein müder, alter Gaul zog ihn. Wo das Dorf anfing, gerade dort, wo Nauka und Pimmi am Straßenrand gesessen hatten, hielt er an. Ein alter Mann mit grauwolligem Bart kletterte vom Kutschbock.

»Hier wollen wir bleiben, Ringelblume«, sagte er und führte das Pferd am Zügel in einen Feldweg. So war sein Nachtlager nicht zu nahe beim Dorf und nicht zu weit davon entfernt. Manchmal kam in der Nacht seine große Traurigkeit über ihn, und dann tat es ihm wohl, zu wissen, daß andere Menschen in der Nähe waren, mochten das auch Fremde sein. So gut es ging, suchte er bei der halben Dunkelheit einen Weideplatz für Ringelblume und schlang den Zügel lose um einen Apfelbaumstamm.

Doch gerade, als er zum Schlafen unter die Plane kriechen wollte, wehte der Wind ihm etwas zu, etwas rot Leuchtendes. Mit dem Fuß hielt er das flatternde Ding fest und bückte sich ächzend. Wer kann wissen, was der Wind meint, wenn er einem alten Mann etwas vor die Füße trägt?

Dies war nur ein kleines Stück rotes Seidenband, wie die Mädchen es gern in den Zöpfen tragen. Im Knoten steckte noch ein steifes schwarzes Haar. Und soviel konnte der alte Panelon auch im Dunkeln erkennen, daß dies ein Haar von Ringelblumes Schwanz war, ein Haar also vom Kopf der Puppe Sara! Er schob seinen Schlapphut von vorn nach hinten, von hinten nach vorn, und am Ende wußte er, was der Wind meinte: Die Puppe, die gestern noch im Steinbruch gesessen hatte, weil Mateo sie vor seinen Augen dort in den Felsen zurückließ, diese Sara-Puppe mußte hier irgendwo in der Nähe sein. Die Kinder hatten sie gefunden, und die Kinder waren hier mit ihr vorübergekommen. Der alte Panelon nickte vor sich hin und lachte leise. Hatte er nicht recht gehabt, daß er vom Gefängnis aus gleich losgefahren war, ohne erst lange nach den Frauen Ausschau zu halten? Die wollten doch immer erst alles hin und her bereden. Ha, was die anderen meinten! »Such die Frauen«, hatten sie gesagt, als man ihn zuerst freiließ, »und dann müßt ihr einen Plan haben von den Straßen und Wegen um Gerlau, ehe ihr aufbrecht, die verlorenen Kinder zu suchen. Such du aber zuerst die Frauen hier in Otterau!«

Das hatten Tino, Mateo, Jerko und sogar Bubala gesagt. Aber brauchte er, Panelon, etwa die Frauen oder eine umständliche Landkarte, in der er doch nicht lesen konnte? Neumodisches Zeug, genauso dumm wie die Autos, die keinen eigenen Willen hatten und keinen Verstand! Deshalb fuhren sie ja gegen die Straßenbäume und knallten aufeinander. Hatte schon jemals einer ein Pferd gegen einen Baum rennen sehen? Nein, er brauchte nichts als seinen Karren und seine Ringelblume! Morgen würde er die verlorenen Kinder suchen, morgen ja, die verlorenen Kinder ... die verlorenen ...

Plötzlich war es wieder wirr und dunkel in seinem Kopf. Was rief da? Seine Kinder, o großer Vater! Sie riefen!

»Ich höre!« stöhnte der alte Mann. »Ich höre euch, ja, ich höre! O baro dad, großer Vater, o Mutter Gottes, o heilige Sara, o Christus, junger Gott! Sie sollen schweigen!«

Er hielt sich die Ohren zu. Aber seine Augen sahen, wie die Straße sich wand, wie die Dächer und der Kirchturm dort über den Bäumen standen. War er nicht schon einmal auf dieser Straße gefahren, schon einmal, nach Westen? Und sie waren zu einer Stelle gekommen, da gab es rote Felsen ...

Er ging zu Ringelblume und legte sein Gesicht in ihre Mähne. Die Gute hörte gleich mit dem Fressen auf und wandte den Kopf ihm zu. Sie schnaubte zärtlich und versuchte, mit ihren langen, gelben Zähnen seinen Bart zu fassen. Als ihr das nicht gelang, schob sie ihn sanft beiseite, weil er mit seinen großen, schmutzigen Stiefeln gerade auf dem fettesten Grasfleck stand. Schließlich hatte sie genug erlebt in den letzten Tagen: Mit einem fremden Burschen auf dem Kutschbock mußte sie nach Otterau fahren. Der wollte sie hetzen, aber sie hatte sich erst recht viel Zeit gelassen für den Weg. Dort im Gefängnis hatte man sie zwar in einen recht guten Stall gebracht und ihr sauberes Wasser, frisches Heu und sogar Hafer gegeben. So fein hatte sie es schon lange nicht mehr gehabt seit ihren guten Zirkuszeiten. Aber kaum waren ihr der Stall und das Polizeipferd dort etwas vertraut geworden, da kam schon Panelon wieder und jagte sie ganz aufgeregt über die gleichen Straßen von Otterau nach Gerlau zurück. Weshalb eigentlich? Sie stieß also Panelon noch einmal recht freundlich, aber deutlich in die Seite und wieherte leise.

»Schon gut, Alte«, sagte der. »Ich gehe ja schon. Laß es dir gut schmecken, und gute Nacht, Ringelblume!«

Panelon und Ringelblume

Dunstig und kühl war der Morgen. Der alte Panelon saß auf der Wagendeichsel, kaute an einem Stück Brot und drehte nachdenklich das rote Band in den Händen. Gestern abend ... Was wollte gestern abend der Wind von ihm? Nun hatte er es ganz und gar vergessen.

Ringelblume graste weiter oben am Wegrand. Manchmal hob sie den Kopf und sah mit spiegelnden Augen zu dem Alten hin. Sie spürte es immer gut, ob er traurig war oder froh. Jetzt drang Unruhe von ihm zu ihr hin, das störte sie. Als er nun aufstand und sie leise anrief, tat sie so, als hätte sie nichts gehört, und rupfte nur um so eifriger weiter. Er mußte lange schnalzen und endlich sogar hinter ihr herlaufen, bis er sie einschirren konnte. Zweimal schüttelte sie das Zaumzeug wieder ab und schnaubte ihm dabei ärgerlich ins Gesicht. Konnte er denn nicht merken, daß sie noch nicht satt war?

Schließlich fügte sie sich aber doch und ließ sich am Zügel zur Straße hinunterführen. Dort warf Panelon ihr das Leder über die Kruppe, hielt ihr ein Stück Zucker unter die Nase und flüsterte:

»Lauf, Ringelblume, mein Pferdchen! Nun lauf, wohin du willst! Zeig mir den Weg, meine Ringelblume!«

Sie schüttelte den Kopf und blickte ihn aus großen Augen an. War sie dazu da, den Weg zu wissen? Den Wagen zu ziehen, war sie da! Also blieb sie stehen und machte nur die Lippen lang nach dem Zuckerstück. Doch Panelon zog die Hand zurück und flüsterte noch einmal, noch dringlicher:

»Du sollst laufen, den Weg sollst du mir zeigen, den Weg zu den roten Felsen, meine Alte!«

Und Ringelblume spürte wieder etwas von der großen Unruhe in seinem Herzen Sie spitzte die Ohren, wandte den schönen Kopf nach links und nach rechts, und ein leichtes Zittern lief über ihr Fell. Plötzlich wieherte sie leise und zog an. Nach links wendete sie das Wägelchen. Denn rechts lag das Dorf, und in allen Dörfern gab es Wirtshäuser, vor denen ein altes Pferd nicht gern wartete. Ringelblume hielt gar nichts von Dörfern und Wirtshäusern. Landstraßen mit Apfelbäumen und grünem Gras an den Grabenrändern waren ihr lieber. Deshalb fand sie, daß links die bessere Richtung sei. Mehr konnte man von ihrem Pferdeverstand nicht erwarten, und Panelon war zufrieden damit.

Natürlich blieb Ringelblume nach ein paar Schritten wieder stehen und erwartete mit gierigen Augen und Lippen ihr Zuckerstück. Sie bekam es auch, kaute es langsam und genoß so lange wie möglich das Sanfte und Süße im Maul.

»Nach Süden willst du also?« fragte Panelon. »Dort geht es nach Otterau zurück, dort ist das Gefängnis und am Ende laufen wir dem Weibervolk wieder in die Arme. Ich will aber zu den roten Felsen, hörst du? Seit gestern weiß ich es wieder! Und nie mehr bekommst du von mir das kleinste Stück Zucker, wenn dies der falsche Weg ist! Du hast einen Kopf, dreimal so groß wie meiner. Ich verlasse mich auf dich, meine Alte, hast du verstanden?«

Ringelblume nickte ungeduldig mit dem Kopf und trottete los. Wie lange wollte er hier noch stehen und Reden halten? Panelon ging neben ihr her. Er biß ein großes Stück von seiner Kautabakrolle und spuckte von Zeit zu Zeit den Tabaksaft über die Schulter zurück. Denn Ringelblume konnte sehr böse werden, wenn ihr das stinkende braune Zeug vor die Hufe kam. Sie liebte Panelon sehr, und alle Kraft in ihren alten Knochen, alle Sanftmut in ihrem guten Pferdeherzen und aller Verstand in ihrem Kopf gehörten ihm, – nur wenn er sie vor den Wirtshäusern warten ließ, wenn er den Tabaksaft vor ihre Nase spuckte, oder auch wenn ihr in den Dörfern das gackernde Hühnervolk zu nahe kam, dann wurde sie wild und zornig.

Allmählich schwanden die Nebel. Wohin? dachte Panelon. Wohin wohl zogen die Nebel, wenn sie aus den Tälern wichen? Gab es denn irgendwo ein Land, ganz voller Nebel, voller Dunst und Ungewißheit, eine Nebelheimat, trüb, grau und traurig? Oder krochen sie jeden Morgen in Panelons Kopf, die Nebelschwaden, schlichen sie am Ende durch seinen Mund, seine Nase, seine Augen und Ohren und nisteten dann hinter Panelons Stirn? Vielleicht mußte er sich deshalb immer wieder verirren auf seinen Gedankenwegen?

Die Sonne kam herauf, eine gute, warme Herbstsonne. Doch sie brachte keine Klarheit in Panelons Kopf. Er war schon wieder müde, kletterte auf den Kutschbock und schlief bald ein. Ringelblume merkte das gut am Zügel, der nun immer schlaffer und tiefer gegen ihre Flanken schlug. So war es ihr nur recht. Sie ging immer dichter am rechten Straßenrand entlang, wo das schöne, fette Gras im Graben wuchs, bis sie eine Stelle gefunden hatte, an der sie ihr Frühstück fortsetzen konnte. Behutsam, damit es keinen Ruck beim Halten gab, brachte sie den Karren zum Stehen, fraß sich satt, knabberte zum Nachtisch einen süßen Fallapfel und zog vorsichtig wieder an. Panelon saß immer noch friedlich schnarchend auf seinem Platz.

Trotzdem hielt Ringelblume an jedem gelben Ortsschild. Denn so hatte sie es gelernt: Wo eine Ortschaft anfing, mußte sie warten, bis Panelon im Dorf seine Löffel verkauft hatte. Aber er rührte sich nicht, er schlief drei Dörfer weit, und Ringelblume setzte vor den Wirtshäusern ihre Hufe besonders leicht auf. Sie scheuchte noch nicht einmal wie sonst die Hühner von der Straße. So konnte sie endlich an einem schattigen Waldrand auch selbst eine Rast halten, ein kleines Schläfchen im Stehen, so gut es eben ging zwischen Deichsel und Geschirr. Wenn man ein altes Zigeunerpferd ist, braucht man zum Ausruhen nicht Stall noch Streu. So schliefen sie also beide, und die Sonne stieg immer höher. Lastwagen ratterten vorbei, Bulldogs fuhren knatternd und puffend in die Felder und kehrten wieder zurück. Panelon schnarchte, Ringelblume blinzelte nur manchmal mit dem linken Auge und wechselte das Standbein. Sie war zufrieden mit diesem Tag.

Doch plötzlich schreckte sie auf. Von ganz fernher war ein leiser, leichter Ton zu ihr geflogen, ein Kinderlachen und ein helles »hü-hopp!«. Ringelblume warf den Kopf zurück, hob die Nüstern in den Wind und tat einen Sprung nach vorn. Dabei plumpste nun aber der Karren mit dem rechten Rad in den Graben, und Panelon fiel hintenüber vom Kutschbrett mitten in seinen Hausrat unter der Plane, – in den wirren Haufen von Decken und Töpfen, Kleidern und Schnitzwerkzeugen. Wütend, mit rotem Kopf tauchte er wieder auf.

»Teufelsweib!« schrie er »Satansstute! Jedes Schwanzhaar sollte man dir einzeln ausziehen, und gleich dreimal hintereinander, jedes Schwanzhaar! Kannst du einem alten Mann sein Morgenschläfchen nicht gönnen?«

Schimpfend und murrend stemmte er die Karre wieder aus dem Graben. Ringelblume half ihm dabei und zog kräftig an. Sie fühlte sich wirklich etwas schuldig. Die Kinderstimme hatte sie nun auch schon wieder vergessen.

Wie hätte auch Ringelblume dem alten Panelon sagen können, daß dort oben auf dem Waldweg, der zwischen Büschen und Felsen neben der Straße herlief, Pimmi gelacht und gerufen hatte? Denn dort trug gerade jetzt Nauka das Schwesterchen auf dem Rücken durch den Wald. Sie schnaubte und stampfte dabei wie ein Pferd, und Pimmi mußte darüber so sehr lachen, daß sie die Schmerzen in ihrem Fuß vergaß. Nein, Panelon hatte nicht so hellhörige Ohren wie seine Ringelblume, und die Kinder dort oben konnten den Karren, den alten Panelon und Ringelblume nicht sehen. So mußte Nauka weiterstapfen mit der kranken Pimmi auf dem Rücken, mit Sara und Macki im Lederbeutel – – und auf der Straße unten trabte Ringelblume ausgeruht und munter mit Panelon dem nächsten Dorf entgegen. Das war nicht weit, und als Ringelblume diesmal am gelben Ortsschild anhielt, nahm Panelon den Pappkasten mit den selbstgeschnitzten Holzlöffeln und machte sich damit auf den Weg. Er hatte die Stute an einen Gartenzaun gebunden. Dort wuchsen bunte Wicken, und Ringelblume hatte immer schon eine Vorliebe für Blumen. Sie schnupperte zuerst und fraß dann, was sich erreichen ließ. Inzwischen ging Panelon von Haus zu Haus.

Wollten die guten Leute hier Löffel kaufen? Feine Kochlöffel, Salatbestecke, Suppenkellen? Feine Löffel aus schneeweißem Ahornholz? Oh, er hatte Glück. Eine alte Frau nahm ihm ein Salatbesteck ab und lud ihn obendrein noch zu

Kaffee und trockenem Sonntagskuchen ein. In einem anderen Hof brauchte man einen Kartoffelstampfer, und schließlich traf er noch ein Mädchen, das bald heiraten wollte und gleich drei Kochlöffel und einen Quirl für ihre Aussteuer aussuchte. Sie schenkte ihm sogar ein frisches Ei, das schlürfte Panelon gleich vor der Haustür aus und warf die leere Schale in den Bach. Er blickte ihr nach, wie sie kreiselnd davonschwamm und klimperte lustig mit den vielen Groschen in seiner Jackentasche. Doch was ist ein Ei gegen den Durst, den ein alter Mann hat, wenn er länger als einen halben Tag unterwegs gewesen ist? Darüber dachte Panelon jetzt nach. Aber dort, am Ende der Straße, stand Ringelblume, war fertig mit den Zaunwicken und sah ihm mit großen Augen entgegen. Nun scharrte sie auch noch mit dem rechten Huf, und Panelon wußte genau, was das hieß: Sie wollte weiterfahren, es war ihr zu sonnig dort an der Straße.

Panelon gab sich große Mühe, am Wirtshaus vorüberzukommen. Nur hätte dort das Fenster nicht offenstehen sollen. Denn als Panelon im Vorübergehen das einladende, säuerlich-kühle Wirtshausrüchlein in die Nase bekam und auch zwei Männer am Tisch sitzen sah, zwei Männer so alt und grau wie er selbst, mit Apfelweingläsern vor sich, – da konnte er nicht mehr widerstehen. Er kniff die Augen fest zusammen, um Ringelblume nicht mehr zu sehen und schlüpfte durch die Tür.

Die beiden Alten dort drinnen freuten sich, daß sie Gesellschaft bekamen. Was sie sich zu erzählen hatten, war längst gesagt. Wohl sahen sie gleich, daß Panelon ein Zigeuner war, aber sie waren zu alt für dumme Vorurteile und Feindschaften. Hier kam jemand, der ihnen die Langeweile vertreiben konnte! Deshalb riefen sie Panelon an ihren Tisch und bestellten auch für ihn ein Viertel Apfelwein. Panelon hielt mit der Hand seine klimpernde Tasche fest. Brauchten sie zu merken, daß er genug Geld hatte, um selbst seine Zeche zu bezahlen? Aber trotzdem wollte er nicht ohne Gegengabe ihr Gast sein. Denn es ist ein altes Zigeunergesetz, daß man für alles bezahlen soll, nur muß das ja nicht immer mit klingender Münze geschehen. Nauka hatte für Gemüse und Kartoffeln freundliche Segenswünsche gegeben, Panelon bezahlte jetzt mit schnurrigen und unglaublichen Geschichten.

War er nicht schon weit herumgekommen, in vielen fremden und seltsamen Ländern gewesen? In Taraskonien zum Beispiel! Da kletterten die Leute nicht erst in die Bäume, um die Äpfel zu pflücken, wie hier, o nein! Sie fuhren nur mit einem strohgepolsterten Wagen unter den Zweigen her, bliesen dazu auf einer Flöte aus Apfelbaumholz ein besonderes Lied, Apfellied genannt, und schon purzelte der ganze Segen von selbst ins Stroh! Oder eben doch nicht von selbst: Der Apfelgeist war es, der sie lockte! Mit den Pflaumen, den Birnen, den Mirabellen und Aprikosen und Pfirsichen machten sie es ebenso. Natürlich brauchten sie eine Menge verschiedener Flöten und mußten es auch gut verstehen, das Pflaumen-, Birnen-, Aprikosen- oder Mirabellenlied recht zu blasen. Denn wer etwa zu stark pustete, dem konnte es dann ganz ordentlich auf den Kopf prasseln, oder wer sich nicht genügend anstrengte, der mußte damit rechnen, daß die schönsten Früchte einfach nicht gehorchten und in den Zweigen hängenblieben. Es gehörte eben viel Kunst und Verstand dazu, aber den hatten die Leute in Taraskonien.

Die Männer lachten und meinten, dem Panelon sei wohl schon jetzt der Apfelwein etwas zu hoch in den Kopf gestiegen? Aber sie bestellten gleich ein neues Glas für ihn und wollten noch mehr hören. Und Panelon erzählte ihnen von den spanischen Hunden, die so stolz waren, daß sie nur noch auf den Hinterbeinen liefen, und wenn man ihnen etwa auf der Straße nicht höflich genug Platz machte, warfen sie einem so bitterböse Hundeblicke zu, daß man vor Schrecken ganz krank davon werden konnte.

Zum Beißen waren sie natürlich zu vornehm, was ein Glück war für den, der sich mit den spanischen Hundesitten nicht auskannte.

Überhaupt, die Tiere waren ja viel klüger als die Menschen. Die guten Freunde hier am Tisch brauchten sich nur bis zum Ende der Straße zu bemühen und Panelons Ringelblume anzuschauen. Jetzt war sie alt, aber früher, als sie noch ein berühmtes Zirkuspferd war, da konnte sie rechnen wie ein Schullehrer, das ganze kleine Einmaleins vorwärts und rückwärts und das große kreuz und quer! Jetzt konnte sie nur noch ein bißchen singen, aber nicht mehr so schön wie in ihren jungen Jahren.

»Hoffentlich hat sie nicht gemerkt, daß ich hier hereingeschlichen bin«, sagte Panelon. »Sonst schimpft sie nachher mit mir. Und so ein wütender Gaul, der kann einem das Leben schon sauer machen!« Er seufzte und hielt sein leeres Glas gegen das Licht.

Die Männer sorgten dafür, daß der Wirt es gleich wieder füllte. Panelon grinste vergnügt und zog eine kleine Schere und ein Stück schwarzes Papier aus der Tasche. Ehe die Männer sich's versahen, hatte er ein Gesicht ausgeschnitten, gleich zweimal, weil er das Papier doppelt gefaltet hielt. Und als er es nun auf den Tisch legte, riefen die beiden Alten und der Wirt:

»Das ist ja der Heiner!«

»Soll ich das sein?«

»Der Heiner mit seiner Knollennase!«

Sie lachten, daß die Wirtsstube dröhnte und legten die beiden Heiner-Gesichter auf das Tischtuch, daß Knollennase sich an Knollennase rieb.

Inzwischen hatte Panelon auch schon den anderen kurz angeschaut und blitzschnell einen doppelten Adam aus schwarzem Papier geschnippelt.

»Der Adam, wie er leibt und lebt! Das spitze Kinn und die fransigen Augenbrauen!«

Auch der Wirt kam noch an die Reihe und seine Frau, die neugierig aus der Küchentür schaute, und endlich seine beiden kleinen Söhne, die neben Panelon auf die Bank geklettert waren.

»Du bist ein Künstler! Ein ganz großer Künstler bist du!« riefen die Männer, schlugen ihm auf die Schulter und bestellten neuen Wein. Aber jetzt war Panelon plötzlich nachdenklich und traurig geworden. Er schnitt einen Frauenkopf aus, hielt ihn gegen das Licht, zerknüllte das Papier und begann von neuem.

»Wer ist das?« fragten die anderen. Er antwortete nicht.

»Soll ich das vielleicht wieder sein?« fragte die Wirtin und kam näher.

Da fuhr er sie wütend an: »Du? Dumme Trine – du? Geh weg, sonst schneide ich dir eine Fratze mit sieben Warzen auf der Nase!«

»He, alter Zigeuner! Wenn du frech werden willst, zeige ich dir die Tür!« rief drohend der Wirt.

Aber nun sahen alle, daß Panelon weinte. Er steckte Schere und Papier weg und schob das Glas fort.

»Meine Parni!« flüsterte er. »Wißt ihr denn nicht, wo meine Parni ist? Ich muß fort, die roten Felsen muß ich suchen und die verlorenen Kinder!«

Er legte den Kopf auf den Tisch und weinte mit zuckenden Schultern.

Stumm sahen die anderen sich an. Die kleinen Jungen rutschten verlegen von der Bank und liefen zu ihrer Mutter.

»Der Wein ist ihm nicht bekommen«, meinte der Wirt.

»Die verlorenen Kinder bei den roten Felsen!« flüsterte Panelon und wühlte mit den Händen in seinen Haaren.

In diesem Augenblick geschah zweierlei:

Ringelblume streckte ihren Kopf durch das offene Fenster und wieherte leise und vorwurfsvoll. Sie hatte den Zügel durchgebissen und war ihrerseits auch dem Wirtshausrüchlein nachgelaufen. Sie wußte nur zu gut, wo ihr Herr zu finden war, wenn er sie allzulange warten ließ.

Und gleichzeitig sagte einer von den Jungen: »Die Kinder, die sind draußen. Sie haben eine Puppe, die tanzen kann!«

Panelon hörte beides nicht. »Meine Parni!« murmelte er. »Meine verlorenen Kinder! Und der Wind muß es doch wissen . . .«

Da rüttelten der Heiner und der Adam ihn an der Schulter.

»Was flennst du denn? Die Kinder sind doch draußen, du dummer Kerl! Und dein Gaul, deine Ringelblume, ist auch da!«

»Ringelblume?« fragte Panelon und hob den Kopf. »Ach so, ja. Ich komme schon, Alte.« Steifbeinig stand er auf und machte eine tiefe Verbeugung.

»Ich danke den guten Leuten. Gottes Segen für euch alle! Und denkt manchmal noch an den alten Mann. Die bösen grauen Nebel sind in seinen Kopf gekrochen und haben Parnis Gesicht gestohlen. Gottes Segen für euch, Gottes Segen!«

Rückwärts ging er zur Tür, mit vielen Verbeugungen. Unruhig flackerten seine Augen, und wirr hingen seine Haare.

»Er ist krank!« flüsterte die Wirtin mitleidig. »Lauft, holt die Kinder! Man kann ihn jetzt nicht allein fortgehen lassen.«

»Da sind sie ja!« sagte jemand. Denn hinter Panelon öffnete sich nun die Gaststubentür, und Nauka und Pimmi standen dort.

»Panelon!« riefen sie glücklich. »Onkelchen Panelon! Wir haben Ringelblume gesehen, und da . . .«

»Ach, ihr seid hier?« fragte Panelon und wischte sich über die Stirn. »Ja, ich komme schon. Habe nur gerade einen Schluck getrunken. Komme schon.«

Er streichelte Pimmis Kopf und nickte Nauka freundlich zu. Daß er die beiden hier traf, wunderte ihn jetzt nicht.

»Dann ist ja alles gut«, sagte der alte Heiner. Und weil er sah, wie erhitzt und müde die Kinder waren, lud er sie ein, auf seine Kosten eine Limonade zu trinken.

»O ja!« rief Pimmi. »Ich bin nämlich sehr krank an meinem Fuß, und Nauka hat mich tragen müssen.«

Aber Panelon duldete nicht, daß sie sich niedersetzten. Plötzlich stampfte er eigensinnig mit dem Fuß und befahl:

»Marsch, geht zu euren Eltern! Ich will von der Weibersippe nichts mehr wissen! Ich muß die roten Felsen suchen und die verlorenen Kinder! Habe keine Zeit mehr.«

»So was!« rief der Wirt. »Erst setzt er sich zwei Stunden hierher und läßt sich freihalten und macht es sich gemütlich, und dann gönnt er den Kindern keinen Schluck Limonade!

Da, setzt euch, ihr beide! Hier im Haus habe ich zu befehlen, du alter Gauner!«

Und die Wirtin, die Jungen und die alten Männer riefen: »Wo hast du denn deinen Verstand? Hier sind sie doch, die Kinder! Rabenonkel! Hier sind sie doch!«

»Nein«, sagte Nauka leise, »wir sind es nicht. Er ist krank in seinem Kopf, und es sind andere Kinder, die er sucht.« Sie nahm Panelons Arm und führte ihn hinaus. Nur Pimmi blieb noch zurück und stürzte im Stehen schnell beide Gläser voll Limonade hinunter. Sie blinzelte dabei vergnügt allen Leuten in der Runde zu. Hatte der gute Mond ihr nicht geholfen, ihren Wunsch erfüllt und Pferdchen und Wagen für Pimmi und Nauka geschickt? Und den lieben Onkel Panelon! Daß der ein bißchen seltsam war, kümmerte sie nicht. So wunderlich, so heftig, so traurig und lustig und immer wechselnd wie das Wetter war er eben. Anders kannte sie ihn nicht. Sie nahm vor aller Augen eine Tüte mit Salzbrezeln aus dem Ständer auf dem Tisch, knickste, sagte freundlich »Vielen Dank und Gottes Segen!« und humpelte noch sehr viel mühsamer, als es nötig gewesen wäre, hinter Nauka und Panelon her.

Draußen hatten sich allerhand Neugierige vor der Wirtshaustür versammelt. Nauka knotete Ringelblumes Zügel wieder zusammen und redete Panelon zu, sich hinten im Wagen auf seinen Strohsack zu legen. Sie selbst wollte jetzt kutschieren.

»Zu den roten Felsen! Zu den roten Felsen! Wehe dir, Mädchen, wenn du mich nicht zu den roten Felsen bringst!« rief Panelon so drohend und laut, daß die Leute zurückwichen und Nauka mitleidig ansahen.

Die lächelte nur. »Schon gut, Panelon, ja«, sagte sie geduldig, und sie knüpfte hinter ihm die Plane mit den zerschlissenen Lederriemen fest zu. Sie hob Pimmi auf den Kutschbock und gab ihr den Zügel. Sie brauchte nur ihre Hand ganz leicht in Ringelblumes Mähne zu legen, da blickte die alte Stute sie mit guten, traurigen Augen an und verstand, daß sie heute Nauka gehorchen mußte. Willig ließ sie sich die Dorfstraße hinunterführen.

Bis zu den letzten Häusern liefen die Kinder ihnen nach und unterhielten sich laut und mit viel Gelächter über Ringelblumes staksige Hüftknochen, über den merkwürdigen Wagen, der nur zwei Räder hatte, und über Naukas langen Rock.

»Ihr fahrt wohl den ganzen Tag nur spazieren, ihr Zigeuner?« fragte ein großer Junge.

Nauka antwortete ihm nicht.

»Sei vorsichtig, Walter!« sagte ein Mädchen. »Die können hexen!«

Ruhig ging Nauka weiter.

»I, die sind doch nur faul und wollen nicht arbeiten!« rief ein anderer Junge. »Bettelvolk ist das, dreckiges Lumpenpack. Vor denen habe ich keine Angst!«

Nauka richtete sich hoch auf.

Sie ging keinen Schritt schneller. Nur einmal sah sie sich nach Pimmi um und befahl ihr mit einem langen, ernsten Blick, still zu bleiben.

»Laßt sie doch. Es sind doch auch Kinder wie wir!« sagte ein großes Mädchen.

Nun waren sie am letzten Hof vorüber, und die Kinder blieben zurück. Nauka atmete tief auf. Doch da fing einer hinter ihnen zu singen an:

»Zi-za-Zigeunerfrau!«

und alle fielen ein:

»Hat zwei Röcke rot und blau!
Gib ihr nicht zu wenig,
schenk ihr einen Pfennig,
heck-meck,
Katzendreck,
stiehlt die kleinen Kinder weg!«

Das war zuviel für Pimmis Geduld. Sie beugte sich weit aus dem Wagen, streckte den frechen Sängern die Zunge heraus, ließ ihre Augen rollen und kreischte:

»Gadsche-Kinder! Freche! Der Teufel soll euch holen! Ich sag's ihm! Hu!« Dann weinte sie plötzlich laut auf und rief schluchzend: »Aber es ist doch nicht wahr! Es ist doch nicht wahr!«

Nauka hielt Ringelblume an und lief zu Pimmi. Sie streichelte sie und sagte: »Still, still, mein Schwesterchen! Nein, es ist nicht wahr!«

»Aber weshalb dürfen sie es sagen?«

»Wir sind wie die schwarzen Krähen; man jagt uns«, sagte Nauka traurig. »Gott will, daß wir so sind. Was können wir daran ändern? Wir müssen schweigen, Pimmi.«

»Ich verwünsche sie alle!«

»Pst, Pimmi! Das darfst du nicht tun. Die bösen Wünsche kommen zu uns zurück. Sie trinken unser Blut bei der Nacht und machen uns krank.«

»Dann will ich krank werden, damit sie verwünscht sind!«

»Hast du das Mädchen Anna vergessen? Und die Leute im Gasthaus wollten uns Limonade schenken! Diese Kinder sind doch nur dumm.«

»So entsetzlich dumm, daß man sie verwünschen muß! – Aber die Leute im Gasthaus waren gut. Und die Limonade habe ich ausgetrunken. Du wolltest sie ja nicht. Ich habe auch etwas dort auf dem Tisch gefunden, schau, niedliche kleine Brezeln!«

»Gefunden und mitgenommen?« fragte Nauka erschrocken.

»Aber sie haben es doch alle gesehen und nichts gesagt! Ich habe ihnen auch Gottes Segen gewünscht.«

»Willst du den Kindern nicht auch Gottes Segen wünschen, damit deine bösen Wünsche nicht bei uns bleiben?«

»Hm«, machte Pimmi. »Meinst du, sie könnten vielleicht aus Versehen auch bei dir bleiben oder bei Panelon? Oder bei Ringelblume oder bei Macki?«

»Wer kann wissen, was die bösen Wünsche tun, wenn wir sie erst einmal hinausgelassen haben aus unseren Herzen?«

Nachdenklich betrachtete Pimmi ihren verbundenen Fuß.

»Meinst du, Ringelblume könnte vielleicht lahm davon werden? Dann hätten wir kein Pferdchen mehr zum Fahren.«

»Vielleicht.«

»Oder Panelon bleibt immer traurig?«

»Man kann es nicht wissen.«

Pimmi seufzte. »Sag mir etwas, damit diese Gadsche-Kinder mir leid tun. Sonst kann ich die bösen Wünsche nicht wieder zurückholen.«

»Sie könnten dir leid tun, weil sie so dumm sind.«

»Das genügt nicht.«

»Oder weil sie immer hier bleiben müssen. Sie wissen doch nicht, wie es ist, wenn man immer mit dem Wagen unterwegs ist. Sie kennen die fremden Länder nicht, und deshalb wissen sie auch nicht, wie es ist, wenn man fremd ist, wohin man auch kommt.«

»Müssen sie immer hier bei den Häusern bleiben, in diesem langweiligen Dorf?«

»Ich glaube wohl. Vielleicht dürfen sie einmal verreisen, aber nachher müssen sie wieder zurückkommen. Sie wohnen doch hier.«

»Wohnen ist nicht gut für die Leute«, meinte Pimmi und versuchte, ein weises Gesicht zu machen. »Sie werden sauer davon.«

»Ich weiß nicht . . .« sagte Nauka und blickte mit dunklen Augen zum Dorf zurück.

Die Kinder waren nun wieder näher herangekommen. Sie hielten sich dicht beieinander und tuschelten aufgeregt. Was würde jetzt geschehen?

Da beugte Pimmi sich vor und rief laut:

»Gott soll euch segnen, ihr armen Kinder, weil ihr so dumm seid und weil ihr nicht mit dem Wagen fahren dürft! Gott soll euch wirklich und wahrhaftig segnen!« Dann schnalzte sie mit der Zunge, riß den Zügel hoch und rief: »Hü-hopp, Ringelblume!«

Nauka konnte gerade noch auf den Wagentritt springen, so kräftig legte Ringelblume sich ins Geschirr. Sie rannte los und wieherte vergnügt. Wer kann wissen, wieviel sie von diesem Gespräch verstanden hatte? Die Kinder blickten stumm und verdutzt. Der Karren zuckelte schon schwankend und knarrend um die Straßenbiegung.

»So!« sagte Pimmi zufrieden. »Jetzt können die bösen Wünsche sehen, wo sie bleiben. Bei uns sind sie bestimmt nicht mehr.«

»Bestimmt nicht!« sagte Nauka und lachte. Sie sprang ab und ging wieder neben dem Wagen her. Panelon hatte von alldem nichts gemerkt. Er lag auf seinem Strohsack und schlief.

Bald wurde auch Pimmi müde. Als Nauka ihr half, unter die Plane zu schlüpfen und sie zudeckte, zitterte sie und hatte eine glühende Stirn. Zum ersten Mal jammerte sie jetzt ein bißchen und flüsterte Nauka zu, es poche und klopfe etwas in ihrem Fuß. Der war nun geschwollen und heiß. Nauka erschrak. Sie wußte gut, was das bedeutete. Sooft sie jetzt an einem fließenden Wasser vorüberkamen, machte sie einen kühlen Umschlag mit einem Stoffstreifen, den sie kurzerhand von ihrem Unterrock gerissen hatte. Dadurch kamen sie nur langsam vorwärts, und es wurde dunkel, bis sie Otterau erreichten. Aber nun würden sie ja bald bei der Mutter sein, bei der klugen Mara-Mami, die gegen jede Krankheit ein Kraut wußte. Oh, bald würde Nauka bei den Frauen am Feuer sitzen, würde keine Verantwortung mehr für das kranke Schwesterchen und den alten Mann haben und würde schlafen, schlafen!

Die kleine Stadt lag schon leer und still. Die ersten Häuser, an denen sie vorüberkamen, waren Bauernhöfe. Dort hatte man die Hoftore schon für die Nacht verschlossen. Wen sollte sie fragen, wo hier die Wagen standen? Die wenigen Menschen, die jetzt noch unterwegs waren auf den Straßen? Fast alle beeilten sich, an dem rumpelnden Karren möglichst schnell vorüberzukommen, und blickten nur verstohlen zu Nauka hinüber. Sie spürte ihre Neugier und ihre Furcht.

Sie kam zum Marktplatz. In der violetten Dämmerung stand schwarz und massig ein riesiger Bau. Er paßte nur schlecht zu den hellen kleinen Häusern rings um den Platz. Nauka buchstabierte die Schrift über der breiten Tür mit den steinernen Stufen. »Amtsgericht« stand dort. Nun sah sie auch die vergitterten Fenster am Seitenbau. Sie hielt Ringelblume an. Sollte sie pfeifen? Sollte sie den Männern dort drinnen mit dem Käuzchenruf Botschaft geben? Aber drüben ging ein Mann über den Platz, blieb stehen und kam sogar ein paar Schritte auf sie zu. Nauka tat, als sähe sie ihn nicht. Sie hatte neben dem kleinen alten Rathaus eine grünleuchtende Schrift entdeckt: »Polizei« stand dort. Nur einen Augenblick zögerte sie, dann führte sie Ringelblume zum Marktbrunnen und machte dort den Zügel fest. Sie strich sich den Rock glatt, tauchte schnell den Kamm ins Wasser und fuhr sich damit durchs Haar.

Dreimal klopfte sie an die Tür der Polizeiwache, ehe sie auf das laute »Herein, herein doch!« endlich eintrat.

»Nanu!« sagte der junge Polizist hinter der hölzernen Schranke am Tisch. »Ich dachte, ihr wärt alle weg?«

Nauka stand verwirrt und blinzelte in das grelle Licht unter dem grünen Blechschirm.

»Gehörst du auch zu der Bande aus Gerlau?«

Er redete barsch mit ihr, und sie spürte wieder den geheimen Unterton von Neugier, mit denen die Fremden ihnen immer begegneten. Weshalb? Weil sie eine dunklere Haut hatten? Weil sie ein anderes Leben führten? – Trotzdem kam ihr der Mann dort nicht unfreundlich vor. Sie trat nun dicht an die Schranke und antwortete:

»Ja, wir waren in Gerlau.«

»Dann weißt du ja Bescheid. Eure Mannskerle sitzen alle noch.«

»Ich weiß.«

»Was gibt es denn noch? Dich habe ich bis jetzt gar nicht gesehen.«

»Ich bin erst heute gekommen. Und ich wollte den Herrn fragen, wo die Wagen stehen.«

»Die Wagen? Die sind alle weg. Unser Bürgermeister gibt Zigeunern immer nur für zwei Tage Aufenthaltsgenehmigung. Der letzte Wagen ist erst vor ein paar Stunden fort.«

Nauka kreuzte die Arme über der Brust. So zu tun, hatte

sie von der alten Mara gelernt. Zorn, Schrecken und unbedachte Worte sollten zurückgedrängt werden. Tonlos fragte sie: »Sind alle fort, alle?«

»Aber ja! Das mußt du doch wissen, wenn du dazugehörst? Ihr trennt euch doch nie? Oder bist du von einer anderen Sippe?«

»Nein, Herr. Aber meine kleine Schwester und ich waren nicht bei den anderen, als sie hierherkamen.«

»Du mußt mir das genauer erzählen.« Der junge Polizist lehnte sich im Stuhl zurück und sah sie aufmerksam an. Nauka war müde und sehnte sich danach, einem Menschen alles erzählen zu können.

Hastig berichtete sie ihm, was geschehen war. Mit beiden Händen umklammerte sie die Schranke, die schon von vielen Fingern blankgerieben war. Sie vergaß, daß jener dort eine Uniform trug und daß man die Uniformierten zu fürchten, zu hassen und zu fliehen hatte. Einmal, mitten in ihrer überstürzten Erzählung, blitzte ihr der Gedanke durch den Kopf: Er ist ein Mensch, er ist auch ein Mensch! Die Uniform ist nur sein Kleid. Weshalb hassen wir das Kleid? – Manchmal benutzte sie zwischendurch Wörter aus der Zigeunersprache, so erregt war sie. Aber der Polizist verstand sie. Er lehnte nun an der anderen Seite der Schranke.

»Tja«, sagte er, als sie fertig war, und klopfte sich mit dem Bleistift an die Zähne. »Der Lastwagen mit den vielen Kindern und Hunden und der große grüne Wohnwagen sind gestern morgen schon in aller Frühe abgefahren. Jedenfalls war ich um neun Uhr am Brückchen draußen, und dort stand nur noch der alte lila Mercedes mit dem weißen Anhänger. Für den war die Genehmigung heute abend abgelaufen. Soviel ich weiß, ist mein Kollege deshalb noch einmal draußen gewesen. Jedenfalls war der Platz am Brückchen leer, als ich vorhin zum Nachtdienst ging.«

»Wissen Sie, wohin die Wagen gefahren sind?«

»Keine Ahnung. Und wann die Männer aus dem Gefängnis kommen, kann ich auch nicht sagen. Zunächst laufen noch die Ermittlungen, danach wird erst der Termin angesetzt. Jedenfalls wird der Bürgermeister dir auch nicht erlauben, mit dem Alten und dem Kind länger als zwei Tage hierzubleiben. Von mir aus könntet ihr so lange am Brückchen lagern, wie ihr wolltet. Aber die Leute, weißt du, die Leute!«

»Ja«, sagte Nauka bitter. »Die Leute.«

Mitleidig sah er sie an.

»Muß scheußlich sein, so als Zigeuner durch die Gegend zu ziehen. Armes Volk!«

Da richtete Nauka sich hoch auf und sagte: »Ihr versteht uns nicht, Herr.« Und das sagte sie, obwohl sie sich in diesem Augenblick nach nichts so sehr sehnte wie nach der Geborgenheit, in der die Fremden leben durften.

»Mag sein. Aber so viel ist mir klar: Man kann dich nicht allein weiterziehen lassen mit dem unvernünftigen alten Kerl und dem kranken Kind. Du sagtest, du bist erst fünfzehn, wenn du auch älter aussiehst. Gib acht: Du fährst jetzt hinaus zum Brückchen, das ist am Ende der Straße, die westlich aus Otterau herausführt. Morgen früh kommt dann die Fürsorgeschwester und sieht nach euch. Am besten tut man dich und dein Schwesterchen in ein Heim und den Alten auch. Wenn die Männer aus dem Gefängnis kommen, kann man ja weitersehen. Ich muß das alles nur erst mit dem Bürgermeister besprechen. Morgen könnte ich auch bei den Dienststellen der Umgebung anfragen, ob man eure Leute irgendwo gesehen hat. Ist das nicht ein vernünftiger Vorschlag?«

»Ja, Herr«, sagte Nauka und senkte den Kopf. Nun durfte er ihre Augen nicht mehr sehen, denn man kann alles aus den Augen der Menschen lesen, wenn man es nur recht versteht. In Naukas Augen war nichts als ein heftiges »Nein!«, seit er »Heim« gesagt hatte. Gewiß, der Mann redete so, wie die Gadsche es vernünftig fanden, und er meinte es gut. Aber Nauka war einmal für ein halbes Jahr in einem Heim gewesen, ihr Vater hatte es so gewollt, in den ersten Jahren nach dem schlimmen Krieg. Niemand wollte damals Deckchen kaufen oder für Vaters Musik in den Gasthäusern etwas bezahlen, und die Unterstützung, die man ihnen jetzt gab, brauchten sie, um den Traktor zu kaufen. Nauka sollte auch schreiben und lesen lernen. Aber wie kann man das, wenn einem die Augen immer blind sind von Tränen? Dreimal war sie ausgerissen, zweimal hatte man sie bald wieder gefaßt und zurückgebracht, aber beim dritten Mal nahm eine durchziehende Zigeunersippe sie auf, versteckte sie, änderte ihretwegen die Fahrtrichtung und brachte sie zu den Eltern zurück. Nun sollte sie das noch einmal erleben? Und Pimmi gar, die wilde kleine Schwester? Das war unausdenkbar, das durfte nicht geschehen.

So verschloß Nauka den Blick ihrer Augen mit den langen Wimpern und verstellte die Wahrheit ihrer Gedanken mit falschen Worten. Nur wenn sie jetzt log, würde der Fremde dort sie verstehen. Denn ihre Wahrheit konnte niemals seine Wahrheit werden. Wie hatte sie das vergessen können!

»Ich danke Ihnen sehr, guter Herr!« sagte sie. »So soll es geschehen.« Sie verbeugte sich und glitt schon zur Tür. »Gott soll Sie segnen, und auch Ihre Mutter, Ihren Vater und Ihre Kinder! Er soll auch Ihre Toten segnen.« Das meinte sie nun ehrlich, weil sie doch auch seinen ehrlichen Willen zu helfen gespürt hatte.

»Danke, vielen Dank!« murmelte der junge Polizist verlegen. »Bis morgen also. Gute Nacht!«

Da war die Tür hinter Nauka schon zugefallen. Sie lief zu Ringelblume, löste hastig den Zügel und trieb sie an. Ja, sie wollte jetzt zum Brückchen fahren, damit der dort nicht argwöhnisch würde, aber morgen früh sollte er sie gewiß nicht mehr hier finden!

Sie fand das Brückchen bald. Träge zog ein kleiner Fluß unter dem gewölbten Bogen her. Unten an der Böschung sah sie die ausgebrannten, kalten Feuerstellen und oben zwischen den Weiden die Abdrücke der Wagenräder und Autoreifen. Sie tastete mit den Händen über die feuchte Erde, um zu wissen, wo der Wohnwagen, wo der Bulldog, wo Lastwagen und Anhänger gestanden hatten. Gestern noch! Sie kannte auch Mutter Savinas Art, eine Feuerstelle herzurichten, und fand bald die Stelle, an der sie vorgestern abend für Mara und Branko die Suppe gekocht hatte. Nauka ließ die Asche durch ihre Finger rieseln und rief das Herz ihrer Mutter, ihr zu raten und zu helfen. Dann tat sie in Ruhe, was getan werden mußte: Sie schirrte Ringelblume aus und machte die Wagendeichsel in den Weiden fest. Sie zündete ein Feuer in Mutter Savinas Feuerstelle an und kochte eine magere Suppe aus Brot und Rübchen. Sie schlüpfte in die Büsche und zog ihren Unterrock aus. Zwar gehörte es sich nicht, ohne Unterrock zu sein, aber womit hätte sie sonst einen ordentlich großen Umschlag um Pimmis Bein machen sollen?

Panelon ließ sich nicht wecken. Er brummte nur und stieß sie ärgerlich weg. So löffelte sie allein die Suppe und teilte sie mit Macki.

Die ganze Nacht saß sie am Feuer. Es fand sich genügend Treibholz am Ufer und dürres Reisig unter dem Gesträuch am Straßenrand. Die Puppe Sara lag in Naukas Schoß und starrte zu den flimmernden Sternen auf. Pimmi schlief nun tief und fest. Alle halbe Stunde tauchte Nauka den Unterrock ins Wasser und legte ihn vorsichtig um das kranke Bein.

Als sie im Osten über den Häusern der Stadt die Sterne verblassen sah, kochte sie starken Tee aus Panelons Büchse und weckte den Alten.

»Wir müssen weiter!« flüsterte sie ihm ins Ohr. »Die Polizei kommt!«

Das genügte, um ihn sofort hellwach zu machen.

Er grinste und sagte: »So früh stehen die nicht auf!« Aber blitzschnell hatte er das Töpfchen leer getrunken und Ringelblume eingeschirrt.

»Wohin sollen wir fahren?« fragte er. Nauka wunderte sich so sehr darüber, daß sie einen Augenblick mit der Antwort zögerte. Seit wann wollte er ihre Meinung wissen? Sie war es gewohnt, ihn murren und schimpfen zu hören, wenn im Lager die Fahrtrichtung besprochen wurde.

Da hob sich die Plane, und Pimmi flüsterte:

»Fahr dorthin, wo der Mond steht, Panelon!« Sie wies mit der Hand zum Himmel, und Nauka und Panelon sahen im Westen über den Straßenbäumen den untergehenden, vollen Mond.

»Ja«, sagte der Alte. »Wie der Mond so schön und so hell war meine Parni. Ihm will ich entgegenfahren.«

Nauka war es einerlei, wohin sie sich jetzt wandten. Zunächst wollte sie nur recht weit von Otterau fort. Und zuallernächst wollte sie schlafen.

»Wer ist Parni?« fragte Pimmi, als Nauka sich neben sie auf den Strohsack legte.

»Seine Frau, Mateos Mutter.«

»Und wo ist sie jetzt?«

»Niemand weiß es, und niemand darf ihn danach fragen, das hat die Mara-Mami gesagt.«

»Vielleicht wartet sie auf ihn mit den Kindern bei den roten Felsen, von denen er gestern gesprochen hat?«

Naukas Antwort kam erst nach langer Zeit. »Er hatte zuviel Wein getrunken«, murmelte sie. »Und sein Kopf ist krank.«

»Das ist nicht wahr, Nauka. Nur sein Herz ist krank.«

Nauka hörte noch, was Pimmi sagte, aber sie gab ihr keine Antwort mehr. Sie schlief.

»Ich habe Hunger, Nauka!«

»Hmm?«

»Ich habe Hunger! Und mein Fuß tut gar nicht mehr weh, nur noch ein bißchen.«

Nauka lächelte mit geschlossenen Augen und strich im Dunkeln über Pimmis Gesicht. Es fühlte sich kühl und samtig an. Sie spürte in ihren Fingerspitzen die runde Kinderstirn, die weichen Wimpern, die kurze Nase, die glatten Wangen und die zarten Lippen. Der Wagen rumpelte schon über die Brücke. Naukas Hand glitt ab.

Pimmi rutschte nach vorn, stützte sich mit den Ellbogen auf das Kutschbrett und fragte Panelon:

»Hast du etwas zu essen?«

Er griff in die Tasche und gab ihr ein Stück steinhartes Brot und drei Würfel von Ringelblumes Zucker.

»Jetzt fahren wir zu den roten Felsen«, sagte Pimmi und kaute zufrieden.

Panelon riß so heftig am Zügel, daß Ringelblume einen Sprung tat und stehenblieb.

»Woher weißt du das?« fragte er streng.

»Ich habe dir doch gesagt, du sollst dorthin fahren, wo der Mond steht!« antwortete Pimmi.

»Weißt du denn, wo die roten Felsen sind, Kind? Weißt du es?«

»Der Mond weiß es. Weiß er nicht alles?« Pimmi glitt zurück auf ihren Strohsack.

Panelon wollte sie festhalten, er öffnete den Mund, um noch etwas zu fragen. Doch dann schüttelte er den Kopf und flüsterte vor sich hin:

»Sie ist ein Kind. Sie weiß es.«

Dschabri und Dschabris Schwestern

Als sie zwei Dörfer weit von Otterau entfernt waren, kletterte Panelon vom Kutschbock und ging zu Fuß neben Ringelblume her. Er hatte sich den Zügel nur lose über den Arm gelegt und ließ die Stute laufen, wie sie mochte. Blieb sie stehen, um zu verschnaufen oder ein paar Mäuler voll Gras zu fressen, so wartete er geduldig. Das machte die alte Stute aber nur unruhig. Weshalb schalt und schrie er nicht mit ihr? Weshalb knurrte er nicht wenigstens? Fast kam es ihr so vor, als merke er gar nicht, was sie tat.

Pimmi lag halb wach, halb träumend im Wagen und versuchte darüber nachzudenken, ob sie gelogen hatte, als sie ihm sagte, die roten Felsen seien dort, wo der Mond unterging. Manchmal kamen ihr Worte, die sie gar nicht wollte, aber die ließen sich einfach nicht festhalten. Was hatte sie nun getan? Wenn die roten Felsen nun dort waren, wo jetzt gerade die Sonne aufging? Wieder hielt der Wagen an. In der tiefen Stille hörte Pimmi, wie Ringelblume Gras rupfte. Es war ein trockenes, knackendes Geräusch. Dann aber hörte sie etwas anderes! Mit krächzender, heiserer, zittriger Stimme begann Panelon zu singen! Doch es war ein trauriges Lied, es hatte nur zwei Töne, zwischen denen die Worte hin und her irrten, wie einer, der taumelnd geht, ohne zu wissen wohin, und die Zeilen endeten alle mit dem hohen Ton, wie man eine Frage singt. Am meisten aber erschreckten sie die Worte.

Panelon sang:

»Bei den roten Felsen
wollten wir entfliehen,
in das Land des Friedens.

Bei den roten Felsen,
meine weiße Blume,
Parni, meine Frau!

Bei den roten Felsen
warten sie und weinen,
meine kleinen Kinder!

Bei den roten Felsen
lachen schwarze Männer,
Feuer frißt den Wagen
bei den roten Felsen!«

Pimmi hatte sich zum Rand des Wagenkastens gewälzt und die Plane angehoben. Panelon stand mitten auf der Straße, blickte zum Himmel und sang! Doch nun wieherte Ringelblume plötzlich laut auf, schüttelte sich, daß die Mähnenhaare flogen, und bleckte die Zähne. So quälte sie die Traurigkeit des alten Freundes, so quälte sie der eintönige Gesang! Panelon fuhr herum, als wache er auf aus tiefem Schlaf. Er sah Pimmis weit aufgerissene schwarze Augen unter dem Rand der Plane und fuhr wütend auf sie los:

»Was starrst du so?«

Gleich zog Pimmi ihr Gesicht in Jammerfalten.

»Ich habe immer noch Hunger, Onkelchen!«

»Da!« Panelon gab ihr die beiden letzten Zuckerstücke aus seiner Tasche. Ringelblume sah es und reckte den Hals lang.

»Weshalb schläfst du nicht? Hast du etwas gehört?« fragte der Alte mißtrauisch.

»Gehört? Was soll ich gehört haben? Ach so, ja. Ringelblume hat gewiehert.«

»Stimmt. Sie hat gewiehert. Weißt du nicht, daß sie singen kann? Das habe ich euch schon oft genug erzählt. Jetzt hast du's gehört.«

»War das alles?« fragte Pimmi enttäuscht. »Sie hat gewiehert wie ein ganz gewöhnliches Pferd. Ich glaube, es ist überhaupt nicht wahr, daß sie singen kann.«

»So? Das soll nicht wahr sein? Warte nur, jetzt werde ich es dir zeigen!« Panelon schlurfte ärgerlich brummelnd zu Ringelblume, faßte in ihre Stirnlocken und zauste sie sanft und liebevoll. Er raunte etwas in ihr Ohr, trat dann einen Schritt zurück und rief leise: »Ringelblume, meine Schöne, sing! Si-hing, meine Ringelblume!«

Unruhig trat Ringelblume von einem Huf auf den anderen. Was geschah denn nur heute alles mit ihr? Erst mußte sie bei Nacht und Nebel ins Geschirr, dann wurde Panelon so traurig, daß er ihr das Fressen verleidete, und nun redete er zu ihr mit Worten, die sie vor langer, langer Zeit zum letzten Mal gehört hatte! Sie schloß die Augen und begann zu scharren. War nicht unter ihren Hufen der weiche Sand des Sattelplatzes? Die Sägespäne der Manege?

»Si-hing! Si-hing!« flüsterte Panelon beschwörend.

Und Ringelblume legte den Kopf auf die Seite, ließ ihn langsam kreisen, hob die Stirn in den kühlen Morgenwind und ließ ein zartes, auf- und abschwellendes Wiehern hören. Wahrhaftig, dachte Pimmi, wenn ich ein Pferd wäre, würde ich so ähnlich singen!

Sie klatschte in die Hände und warf Panelon den Zucker wieder zu: »Da! Gib ihn ihr, Panelon, gib ihn ihr!«

Das Klatschen weckte wieder eine Erinnerung in Ringelblume: So gut es ging mit der Deichsel und dem Geschirr, ließ sie sich mit gesenktem Kopf auf ein Knie nieder. Sie zitterte, als sie wieder hoch kam, aber ihre Augen glänzten stolz. Panelon tätschelte sie und wartete geduldig, bis sie mit dem Zucker fertig war.

»Jetzt weißt du, was du vorhin gehört hast. Sie hat gesungen. Das war alles.«

Pimmi war auf den Kutschbock geklettert. Sie konnte nun doch nicht mehr schlafen. Panelon legte eine Decke über ihre Knie und steckte sie rundum fest. »Oder hast du vielleicht sonst noch etwas gehört?« fragte er dabei wieder.

»Nein!« sagte Pimmi mit fester Stimme. Der Alte bastelte an Ringelblumes Zaumzeug und sah sie nicht an. Das war gut, denn sonst hätte er merken müssen, wie unruhig flackernd Pimmis Augen hin und her fuhren. Ach, es war so schwer, ihn zu belügen! Aber die Mara-Mami hatte gesagt: Man soll nur hören, was für die eigenen Ohren bestimmt ist. Und sie hatte gesagt: Man soll schweigen über das Unglück der anderen Menschen. Sie hatte auch gesagt: Niemand darf mit Panelon über seine Traurigkeit sprechen.

Während sie nun weiterfuhren, hatte Pimmi genug mit ihren Gedanken zu tun. Wie ist es, wenn man nicht hören will und hört doch? War Panelon überhaupt ein »anderer Mensch«, da sie ihn doch so sehr lieb hatte? Vielleicht wollte er sogar gern mit ihr über seine Traurigkeit sprechen? Wenn Pimmi traurig war, mußte sie immer gleich zur Mutter, zu Nauka, zur Mara-Mami laufen, und wenn sie alles erzählt hatte, war es nur noch halb so schlimm. Aber für die Erwachsenen galten eben immer andere Regeln, die waren mühsam zu erlernen. Einstweilen war es am besten, sich dumm zu stellen und sich zu verstecken. Jedenfalls hatte sie genug erfahren, und davon wollte sie kein Wort vergessen: Bei den roten Felsen konnte man in das Land des Friedens entfliehen. Schwarze Männer lachten dort, und der Wagen brannte. O schreckliches Bild!

Sie fuhren durch ein Dorf.

»Möchtest du Milch?« fragte Panelon.

Natürlich mochte sie.

Panelon gab ihr den Zügel, nahm den Löffelkasten und eine zerbeulte blecherne Milchkanne aus dem Wagen und machte sich auf den Weg. Pimmi schlug die Decke zurück und legte ihr Bein mit dem dicken Verband sichtbar für alle Leute auf das Kutschbrett.

Tatsächlich blieb auch gleich eine Frau neben ihr stehen. Aus ihrer Einkaufstasche duftete es köstlich nach frischen Brötchen.

»Guten Morgen, liebe Frau!« sagte Pimmi mit schwacher Stimme.

»Armes Kind, was hast du an deinem Bein? Ist es gebrochen?«

»Fast!« stöhnte Pimmi. »Oh, es tut entsetzlich weh! Und ich habe keine Eltern, nur einen armen, alten, traurigen Onkel und sehr viel Hunger!«

»Möchtest du ein Brötchen?«

Pimmi nickte strahlend, und die Frau legte ihr gleich zwei knusprig braune Brötchen in den Schoß.

»Iß!« sagte sie freundlich.

Aber Pimmi nahm nun in jede Hand eines von den Brötchen und drehte sie nachdenklich hin und her.

»Wie macht man drei Teile aus zwei Brötchen?« fragte sie. »Ich habe nämlich noch eine Schwester. Sie schläft dort hinten, weil ich so krank bin.«

Die Frau hatte Pimmis abgekürzten Gedankenweg sofort verstanden.

»Bestimmt mußte sie deshalb die ganze Nacht wach bleiben, nicht wahr?«

»Sie hat sogar ihren Unterrock zerrissen, soviel Schmerzen hatte ich!«

Auch das verstand die Frau. Sie lächelte und sagte: »Du hast eine gute Schwester!« Dabei legte sie ein drittes Brötchen neben Pimmi auf den Sitz.

»Gott soll dich segnen!« rief Pimmi vergnügt.

»Aber ich muß noch etwas fragen. Hast du vielleicht auch noch einen Bruder?« fragte die Frau und lachte.

»Der ist nicht bei uns, der ist bei der Mutter geblieben. Sie brauchen gar nicht zu denken, daß ich noch mehr Brötchen haben will«, sagte Pimmi beleidigt.

»Hast du nicht gesagt, du hättest keine Eltern mehr?«

Pimmi machte eine Handbewegung, mit der sie das ganze vorhergegangene Gespräch beiseite schob. Das war ein Brötchen-Gespräch gewesen, nun ging es um etwas anderes.

Sie beugte sich tief zu der Frau hinunter und fragte flüsternd:

»Kennst du die roten Felsen?«

Ach, weshalb konnte die Frau sie diesmal nicht verstehen?«

»Rote Felsen?« fragte sie. »Wo gibt es denn so etwas?«

»Irgendwo. Dort, wo man in das Land des Friedens entfliehen kann! Wir müssen sie finden, damit Panelon wieder fröhlich wird.«

»Das Land des Friedens?«

»Ich gebe dir die Brötchen zurück, alle drei, wenn du mir sagst, wo die roten Felsen sind!«

»Aber Kind! Hier gibt es überhaupt keine Felsen. Nur drüben, hinter Otterau im Gebirge. Aber dort sind alle Felsen grau. Und die Brötchen habe ich dir geschenkt.«

»Das stimmt«, sagte Pimmi und deckte ihren Rock über die Brötchen.

»Vielleicht könntest du den Lehrer fragen?« meinte die Frau. »Der wandert viel. Kann sein, daß er etwas von roten Felsen weiß. Frag ihn doch!«

»Den Lehrer? In der Schule? Und dann müßte ich in die Schule gehen?« Pimmi riß entsetzt die Augen auf.

»Warum nicht?«

Pimmi ließ den Kopf hängen. Sie wußte von anderen Zigeunerkindern, daß man in der Schule festgehalten wurde, wenn man sich erst einmal hineingewagt hatte. Den halben Tag mußte man still auf dem gleichen Platz sitzen bleiben, durfte sich nicht kratzen und nicht auf den Boden spucken und nicht aufstehen und fortgehen, wann es einem paßte.

Eine andere Frau kam jetzt dazu und blieb neugierig stehen. »Zigeuner?« fragte sie laut. »Was wollen die denn hier?«

»Sei still, Babett. Das Kind hat ein krankes Bein. Man soll sie nicht verachten, die armen Leute. Sind doch auch Christenmenschen.«

»Na – meinst du? Ich könnte ein anderes Lied von denen singen. Bei mir wollten sie Wäsche mitnehmen, frisch gewaschene, von der Leine!«

»Aber wir nicht!« schrie Pimmi empört.

»Nein, nein, sei nur still«, sagte die freundliche Frau. »Alles Gute für dich, Kind. Hoffentlich findest du, was du suchst.« Sie ging mit der anderen weiter.

Pimmi überlegte: Wenn sie den Kindern nachliefe, die jetzt aus allen Häusern kamen und rechts in die Straße einbogen, würde sie wahrscheinlich die Schule bald finden. Aber mit den Kindern war es auch so eine Sache. Mit allzuvielen auf einmal mochte sie nicht zu tun haben.

Außerdem kam Panelon jetzt zurück. Er trug den Löffelkasten wie ein Tablett vor sich her. Ein großes rundes Brot, ein Stück Butter in Silberpapier und ein Paket, das nach Fleisch aussah, lagen obenauf. An seinem Arm baumelte die schwappende Milchkanne.

Vorsichtig stellte er alles vor Pimmi nieder. Die rutschte vor Begeisterung auf ihrem Sitz hin und her.

»So viel zu essen! Und ich habe Brötchen, Panelon! Richtig geschenkte Brötchen!«

»Hat einen Haufen Geld gekostet, das Zeug«, brummelte Panelon. »Alles, was ich noch von gestern hatte. Nur damit ihr nicht verhungert bei mir! Da, halt fest!«

Während er den Kasten vor ihren Füßen zurechtrückte, beugte Pimmi sich schnell über ihn und drückte einen hastigen, feuchten Kuß auf seinen grauwolligen Nacken.

»Du bist wie ein Väterchen!« flüsterte sie.

»Bäh!« machte Panelon und wischte sich mit der geballten Faust den Hals ab. »Dumme Küsserei!«

Dann lief er nach vorn und trieb Ringelblume so heftig an, daß die Milchkanne fast umgefallen wäre. Pimmi hatte ihre Not, sie festzuhalten und gleichzeitig Macki abzuwehren. Die war schon gleich auf den Kutschbock geschlüpft, als Panelon mit der Milch kam. Nun miaute sie kläglich und leckte sich das Schnäuzchen. Aber Pimmi sah nur zu Panelon nach vorn, der jetzt so zornig neben Ringelblume herstapfte, als hätte man ihn schwer beleidigt. Leise fragte Pimmi das Kätzchen:

»Wenn jemand wütend wird, weil man ihm einen ganz kleinen Kuß gibt, Macki, dann ist er entweder böse oder sehr traurig. Böse ist Panelon nicht. Aber ich glaube, er ist so traurig, daß ich es doch tun muß.«

»Ma-uu!« machte Macki.

Pimmi schüttete eine kleine Lache Milch für sie auf das Kutschbrett und dachte weiter nach. Es gab eben Dinge, die man mit Macki nicht besprechen konnte. Dinge, die nur mit anderen Menschen beredet werden konnten. Und es gab sogar Dinge, die man ganz allein entscheiden mußte.

»Du, Onkelchen!« rief sie.

Grinsend drehte er sich um, froh, weil sie ihm nicht böse war. Sie merkte es gleich und sagte:

»Ich glaube, hier gibt es Hühner ...«

Panelon schob sich den Hut in den Nacken und sah sie fragend an.

»Haben wir nicht schon Fleisch?«

»Mutter Savina kocht immer Hühner, wenn ich krank bin!« behauptete Pimmi.

Panelon murmelte etwas vor sich hin, was nicht sehr freundlich klang. Aber er band Ringelblume fest, nahm den Löffelkasten und ging gleich damit ins nächste Haus. Pimmi wartete und zählte zehnmal bis zehn. Wenn die Leute ihn nicht sofort wegschickten, würde es lange dauern, bis er von selbst wieder ging. Sie hüpfte vom Wagen, humpelte auf einem Bein zu Ringelblume und machte sie los.

»Du mußt dich beeilen!« flüsterte sie und hüpfte auf den Kutschbock zurück. »Hü! Ringelblume!«

Aber so leicht war es nicht, Ringelblume von dem Platz wegzubewegen, an den Panelon sie gestellt hatte. Sie schüttelte mißmutig den Kopf und blieb stehen. Das war auch ein Glück, denn Panelon kam schon wieder. Er lachte vergnügt und deutete auf seine Jacke. Ein Hühnerkopf mit erschrocken blinzelnden Augen schaute da hervor!

»Ist krank«, sagte Panelon und blinzelte Pimmi zu. »Sie haben es mir für zwei Löffel und einen Quirl gegeben.«

Tatsächlich, als er es auf die Straße setzte, blieb es verschüchtert hocken. Es war noch jung und hatte wohl kaum erst die Flaumfedern verloren. Allmählich erholte es sich aber von dem Schrecken und wollte, halb piepsend, halb gackernd, wegrennen. Gleich hatte Panelon es wieder gepackt, seinen Kopf auf die Erde geduckt und mit dem Zeigefinger einen Kreis um seinen Schnabel beschrieben. Bewegungslos blieb es sitzen, auch als Panelon einen Schritt zurücktrat. Es war, als hätte er es in einen unsichtbaren Kreis gebannt.

»Siehst du, wie krank es ist?« fragte Panelon grinsend.

»Mara-Mami will nicht, daß wir das tun«, flüsterte Pimmi.

»Aber ich habe es doch bezahlt! Sind zwei Löffel und ein Quirl nicht viel für ein einziges, winziges, krankes Huhn?«

Pimmi seufzte. Manchmal durfte man es mit den Geboten der alten Mara eben doch nicht so genau nehmen, wenn man große Pläne hatte.

»Dschabri, – Hühnchen!« lockte Pimmi.

Panelon hob es auf und gab es ihr. Macki fauchte wütend, aber Pimmi setzte das Tierchen gleich zwischen ihre Knie.

»Es ist sehr hübsch! Ich weiß nicht, ob man es schlachten und essen kann!« seufzte sie. »Überhaupt, – es ist noch so jung! Davon werden wir drei nicht satt.«

»Es soll doch nur für dich sein«, sagte Panelon.

»Ich soll allein Hühnerfleisch essen, und ihr bekommt keins? Nein, das tue ich nicht!«

»Dann teilen wir es uns.«

»Dafür ist es zu klein.«

»Soll ich etwa noch mehr kranke Hühner hier im Dorf finden?« fragte Panelon ärgerlich.

»Natürlich!« sagte Pimmi. »Und Kaffee und Mus könntest du vielleicht auch besorgen? Nauka ißt so gern Musbrote. Ich glaube, ich lege mich wieder in den Wagen und schlafe.«

»Weiber!« knurrte Panelon. »Sind nie zufrieden mit dem, was sie haben!«

Aber er nahm zum dritten Mal seinen Löffelkasten. Ihm war gerade der Gedanke gekommen, daß es hier im Dorf bestimmt ein Wirtshaus gab.

Pimmi warf ihm eine Kußhand nach, wartete, bis er in einer Seitengasse verschwunden war, und horchte auf Naukas Atemzüge. Immer noch schlief die große Schwester tief und fest.

Also klemmte Pimmi das Kätzchen unter den einen, Dschabri, das Hühnchen, unter den anderen Arm und verließ so ihren sicheren Sitz auf dem Wagen.

Die Tiere hätte sie zwar gern zurückgelassen, aber man konnte nicht Macki die Milchkanne anvertrauen, und Dschabri wäre bestimmt gleich wieder zu ihrem Hof zurückgerannt.

Es war nicht weit bis zum Schulhaus.

»Benehmt euch anständig, hört ihr!« befahl Pimmi und sah die fauchende Macki und die hackende Dschabri streng an. Dann spuckte sie im voraus gleich dreimal vor das Tor. Sie lehnte sich einen Augenblick an den steinernen Pfeiler und verschnaufte, ehe sie sich hüpfend auf den weiten Weg über den Hof machte. Auf der Treppe ruhte sie noch einmal aus und spuckte auch gleich noch einmal. Zum Kratzen hatte sie keine Hand frei, sonst hätte sie auch das schnell noch hier erledigt.

Drinnen auf dem steinernen Flur roch es so seltsam, wie sonst nirgendwo. Pimmi zog die Nase kraus. Man konnte schon an diesem Geruch merken, daß Schule eine unheimliche Sache war. Dann klinkte sie mutig mit dem Ellbogen die erste Tür auf und hopste über die Schwelle.

»Na –«, sagte der Lehrer.

Alle Kinder tuschelten und kicherten, stießen sich an und reckten die Köpfe. Vor soviel Gesichtern, Augen und Ohren bekam Pimmi kein Wort heraus.

»Bist du . . . bist du eine neue Schülerin? Ich weiß aber gar nichts . . . Niemand hat mir etwas gesagt . . .«, sagte der Lehrer.

Pimmi schüttelte nur den Kopf. Sie schwankte und lehnte sich an die Wand. Plötzlich tat ihr Fuß wirklich sehr weh.

»Du bist ja krank! Willst du dich nicht setzen?« Der Lehrer schob ihr einen Stuhl hin.

»Danke!« flüsterte Pimmi.

»Wo hast du denn das Huhn gestohlen?« rief eine Stimme aus der letzten Reihe.

Wieder schüttelte Pimmi nur den Kopf. Sie hatte jetzt auch nicht mehr eine Spur von Mut.

»Ihr haltet jetzt den Mund! Nehmt eure Pausenbrote und geht auf den Hof!« befahl der Lehrer. Aber es dauerte lange, bis sich alle mit Murmeln und Stoßen an Pimmi vorübergeschoben hatten. Die ganze Zeit saß sie still mit geschlossenen Augen und bemühte sich, das Zucken in ihren Mundwinkeln zu bezwingen. Ach, worauf hatte sie sich jetzt eingelassen? Bestimmt würde der Lehrer sie festhalten, vielleicht sogar mit einem Riemen an den Stuhl binden, und Panelon und Nauka wußten noch nicht einmal, wo sie war! Zwei dicke Tränen liefen über ihre Backen.

»Du brauchst nicht zu weinen«, sagte der Lehrer. »Ich tue dir nichts.«

Pimmi blinzelte vorsichtig zu ihm hinauf und schnüffelte so leise wie möglich. Gerade war ihr eingefallen, daß Nasehochziehen und schmutzige Fingernägel auch zu den Dingen gehörten, die in der Schule verboten waren. Offenbar durfte man hier überhaupt kein Mensch sein, sondern nur ein Lese- und Schreibding.

»Sieh mich an!« sagte der Lehrer. »Sehe ich denn so böse aus?«

»Du hast Vier-Augen«, sagte Pimmi leise. »Ich kann nicht sehen, ob du gut bist.«

»Vier-Augen?«

»Das Ding da, das Glasgestell!«

Er lachte und nahm seine Brille ab. »Aber nun kann ich dich kaum noch erkennen, und lesen kann ich auch nicht ohne die Gläser!«

»Das ist nicht schlimm«, sagte Pimmi zufrieden. »Ich kann auch nicht lesen. Und ich sehe sowieso nicht schön aus.«

»Möchtest du denn gern lesen lernen? Bist du deshalb hierhergekommen?«

»Nein! Bestimmt nicht! Ich bin auch noch viel zu klein für die Schule! Viel zu klein!«

»Aber ich finde, daß du hübsch aussiehst. Du hast doch schöne schwarze Locken, und deine dunklen Augen gefallen mir auch gut.«

»Du lügst!« sagte Pimmi. »Oder du mußt vielleicht doch

deine Vier-Augen wieder aufsetzen, damit du mich deutlicher siehst. Ich bin ein häßliches Kind.«

»Hm«, machte der Lehrer. »Weshalb bist du eigentlich gekommen? Wolltest du nur sehen, wie es in der Schule ist? Möchtest du dich zu den anderen Kindern setzen und uns zuhören?«

»Nein, danke!« rief Pimmi erschrocken. »Muß ich das?«

»Du mußt nicht. Ich dachte nur, du wolltest es vielleicht.«

»Niemand kann in die Schule gehen wollen. Ich bin auch nur gekommen, weil ich dich etwas fragen muß.« Sie holte tief Luft und sah ihn mit festen, großen Augen an: »Wo sind die roten Felsen? Wo kann man in das Land des Friedens entfliehen?«

Vor Staunen setzte der Lehrer seine Brille wieder auf. Dann gab es ein langes Gespräch zwischen ihm und Pimmi, und am Ende hatte sie manches erfahren. Zum Beispiel, daß sie entweder nach Osten oder nach Westen fahren müßten, um irgendwo rote Felsen zu finden. Daß man aber nur dort in ein anderes Land fliehen konnte, wo eine Grenze war. Pimmi merkte sich das Wort, seinen Sinn verstand sie nur halb. Die nächste Grenze gab es im Westen. Dahinter war Frankreich.

»Geht dort der Mond unter?« fragte Pimmi. »Wo Frankreich ist?«

»Gewiß, das ist richtig.«

Sie lachte. »Ich habe es gleich gewußt!«

Jetzt stellte der Lehrer noch viele Fragen, auf die Pimmi ihm nicht antworten konnte. Nämlich, weshalb Panelon die roten Felsen finden mußte, um wieder froh zu werden? Was eigentlich dort geschehen sei?

»Ich fürchte, ich kann es mir denken, Kind«, sagte er traurig. »Ich fürchte, ich weiß, wer die lachenden schwarzen Männer bei dem brennenden Wagen waren. Aber das ist lange her, Gott sei Dank!«

Er stand jetzt am Fenster und putzte seine Vier-Augen blank. Dann nickte er ihr freundlich zu und sagte: »Es hat schon wieder zweimal geschellt, ich muß die Kinder hereinholen. Aber ich gebe dir etwas, warte!«

Er holte ein merkwürdiges Bild aus dem Wandschrank. Es war braun und grün, durchzogen von vielen wirren Linien, blauen, roten und schwarzen.

»Wenn du ein Vogel wärst, würde die Erde so aussehen!« sagte der Lehrer.

»Aber es ist doch alles ganz platt! Man sieht keinen Berg und kein Haus!«

»Stell dir vor, man hätte einfach alles platt gebügelt, die Berge und Häuser und Wälder.«

Pimmi fand das grausam, aber sie redete nicht mehr dazwischen, sondern ließ sich die Landkarte erklären. Dort, über das blaue Band, das einen Fluß bedeutete, der »Rhein« hieß, sollten sie fahren. Dann immer weiter nach Westen, bis zu der Grenze, hinter der Frankreich war. Konnte sie das behalten?

Ja, sie konnte alles behalten.

»Man hat so manches gehört, was an der französischen Grenze mit den Zigeunern geschehen sein soll – damals«, sagte der Lehrer und zog mit dem Bleistift eine Linie über das Blatt.

»Was hat man gehört?«

Er antwortete ihr nicht. »Sieh her«, sagte er, »so müßt ihr fahren, dann kommt ihr an den Rhein. Dann so, – ein wenig nach Süden, das ist der kürzeste Weg zur Grenze; ich denke, den haben sie damals auch genommen.«

»Wer?«

»Die Leute aus deinem Volk, die nach Frankreich wollten.«

»Und dann sind sie in das Land des Friedens gekommen?«

Traurig sah er sie an. »Du wirst es erfahren, Kind.« Dann sprach er hastig weiter: »Ihr werdet bald hinter dem Rhein wieder in ein Gebirge kommen. Dort gibt es rote Felsen, Sandsteinfelsen. Vielleicht findet der alte Mann dort die Stelle, die er sucht.«

»Wird er dann wieder froh sein?«

»Vielleicht«, sagte der Lehrer. »Aber er wird nur die Steine finden.«

Pimmi fragte nicht weiter, aber es war ihr, als müßte sie wieder »Eidechse!« sagen oder den Mond rufen, als sei Böses nahe und eine große Traurigkeit.

»Nimm das Blatt, ich schenke es dir.«

Pimmi zögerte, es anzunehmen.

»Ist es auch kein Zauberding?«

»Bestimmt nicht.«

Nun hatte sie keine Hand frei, weil sie doch immer noch die beiden Tiere hielt.

»Könntest du sie bitte nehmen?« fragte sie und reichte ihm Macki und Dschabri. »Und dann mußt du dich umdrehen, weil ich die gebügelte Erde unter mein Kleid stecken will.«

Der Lehrer nahm die Tiere und ging mit ihnen ans Fenster. Dann, gerade als Pimmi den letzten Knopf wieder geschlossen hatte, flog die Klassentür auf. Ein ärgerlicher Mann stand auf der Schwelle, und hinter ihm drängten und stießen sich die Kinder.

»Herr Kollege!« rief der Mann. »Die Pause ist doch längst zu Ende! Und Sie hatten Ihre Klasse schon vor dem Schellen hinausgeschickt! Haben Sie den Lärm nicht gehört?«

»Doch!« sagte der Lehrer und jagte hinter Dschabri her. Die war ihm entwischt und flatterte mit Gackern und Schreien auf der Fensterbank umher. Pimmi fing sie wieder ein und löste auch Macki von den Rockaufschlägen des Lehrers. Der versuchte jetzt, dem anderen Mann zu erklären, weshalb er mit Pimmi allein sein mußte. Inzwischen liefen die Kinder auf ihre Plätze.

»Du könntest hier bleiben, Schwarze!« sagte ein Junge zu Pimmi. »Das wird lustig!«

»Nein, ich muß zu den roten Felsen. Es riecht auch nicht gut hier.«

Die Kinder prusteten und kicherten.

Pimmi wartete, ob die Männer nicht endlich genug geredet hätten. Schließlich humpelte sie zum Lehrer und zupfte an seiner Jacke. Die Kinder saßen ganz still.

»Herr Kollege!« sagte Pimmi, denn sie hatte sich seinen Namen gemerkt, als der andere Mann ihn anredete. »Du bist ein guter Mann, und Gott soll dich segnen und dir Gesundheit . . .«

Ein wildes Gelächter brach los. Die Kinder warfen sich über die Tische und trommelten vor Vergnügen mit Händen und Füßen.

»Ruhe! Ruhe!« rief der Lehrer, aber er konnte kaum sprechen, so mußte auch er lachen.

Einen Augenblick, einen Herzschlag lang nur stand Pimmi starr vor Schrecken und Zorn. Ausgelacht zu werden, das war schlimmer als alle bösen Worte. Was hatte sie gesagt? Gesundheit und Gottes Segen hatte sie ihm gewünscht, und nun lachte er! Er auch!

Sie packte ihre Tiere fester und floh mit einem einzigen riesigen Hüpfer durch die offene Tür. Schluchzend rannte sie über den Hof, fand ein Gartenpförtchen und warf sich hinter einer Reihe Obststräucher auf die Erde.

Schon standen die Männer an der Schultür.

»Mädchen! Kleine Freundin!« rief der Lehrer.

Pimmi rührte sich nicht.

»Die ist fort. Lassen wir sie laufen«, sagte der andere Mann.

»Wir hätten nicht lachen dürfen. Aber ich verstehe nicht, wie sie mit ihrem kranken Bein so schnell fortlaufen konnte.«

»Krankes Bein!« lachte der andere. »Das war doch nur Schwindel!«

Nun lief der Lehrer zum Hoftor. Pimmi in ihrem Versteck betete stumm: »Heilige Sara, gib acht, daß er mich nicht sieht! Verbinde seine Augen!«

Jetzt ging er langsam wieder zurück. Ganz dicht kam er an Pimmi vorüber. Die drückte Dschabris Schnabel zu und preßte Macki fest an ihr pochendes Herz.

»Es tut mir leid«, sagte der Lehrer zu dem anderen Mann. Die schwere Tür fiel zu.

Pimmi zählte wieder zehnmal bis zehn. Beim fünften Mal wurde es still hinter den Fenstern drüben. Beim neunten Mal begannen die Kinder zu singen.

»Hörst du?« sagte Pimmi zu Macki. »Sie singen! Vielleicht ist es doch ganz schön in der Schule?«

Dann schlüpfte sie dicht am Zaun entlang auf den Hof zurück und war bald wieder am Wagen. Nauka und Panelon liefen ihr aufgeregt entgegen. Jetzt mußte sie wieder ein bißchen schluchzen, weil es doch so guttat, Nauka und Panelon und Ringelblume zu sehen, wenn man so lange unter lauter fremden Menschen gewesen war.

»Ich habe dich überall gesucht!« rief Nauka. Sie war aufgewacht und hatte den Wagen verlassen gefunden.

Pimmi steckte den Kopf in Naukas Rock und keuchte: »Los! Weiter!«

Nauka nahm sie an den Schultern und schaute ihr in die Augen: »Hast du vielleicht irgendwo etwas – gefunden?«

»Nur den Weg auf der gebügelten Erde. Aber der Herr Kollege hat ihn mir geschenkt.«

Nauka wollte noch mehr wissen, aber Pimmi legte den Finger auf den Mund, schielte zu Panelon und sagte: »Später!«

Ringelblume rannte jetzt mit fliegendem Schweif. Der Karren schwankte und ächzte und kam einmal nur knapp an einem Prellstein vorbei. Ringelblume hatte genug von diesem Dorf. Sobald die letzten Häuser hinter ihnen lagen, ging sie wieder im Schritt. Und sobald sie einen grasigen Wiesenweg sah, bog sie rechts ab und trabte dort entlang, bis zu einer kleinen Mulde mit saftigem Futter, mit einem Baum, der Schatten gab, und einer Hecke, die den Wind abhielt. Nichts würde sie jetzt noch von der Stelle bringen, ehe sie satt war. Niemand hatte etwas dagegen. Nur Macki blieb satt und faul im Wagen. Bei der wilden Fahrt war so viel Milch aus der Kanne gespritzt, daß sie ihr Teil reichlich bekommen hatte.

Unter einem alten Birnbaum breitete Nauka eine Decke aus und trug Pimmi dorthin. Gleich stellte Panelon sich breitbeinig vor ihr auf und fragte:

»Was habe ich in meiner linken Tasche?«

»Kautabak!«

»Falsch!«

»Zucker!«

»Noch falscher!«

»Schokolade?«

»Schokolade! Hat man so was schon gehört? Schokolade! Erst hetzt sie einen: Hol dies, hol das, hol jenes, – und dann weiß sie nichts mehr davon!«

»Hast du Mus für Nauka mitgebracht?«

»Mus in der Tasche! Was du dir nur denkst!«

»Oder Kaffee?«

»Kaffee ist ungesund für kleine Kinder.«

»Sag's, Panelon, sag's doch!«

Vorsichtig griff Panelon in die linke Rocktasche, beugte sich zu Pimmi herab und setzte ein goldgelbes Küken in ihren Schoß. Es sah arg zerzaust und verdrückt aus und blinzelte erschrocken.

»Dschabris Schwesterchen!« rief Pimmi. »O Panelon, wie schön!«

»Warte«, sagte Panelon, »du mußt noch raten, was ich in der anderen Tasche habe.«

»Kautabak!« fing Pimmi wieder an.

»Du bist langweilig. Fällt dir nichts Besseres ein?«

»Ein Schulhaus!« rief Pimmi übermütig.

»Verrückt! Ein – was? Rate, wie es sich gehört, oder ich drehe ihm gleich den Hals um!«

»Panelon! Onkelchen! Wem willst du den Hals umdrehen?«

»Dem Hühnchen«, sagte Panelon und setzte ein zweites Küken in Pimmis Schoß. Es sah noch ängstlicher aus und war auch etwas kleiner als Dschabris erstes Schwesterchen. Seine Flügeldecken waren grau-braun gestreift.

»Größere konnte ich nicht bringen, leider«, sagte Panelon. »Aber soviel wie an einem fetten Spatzen wird schon dran sein, und wenn man sie mit Fleisch und Kräutern füllt . . .«

»Pfui, Panelon!« rief Pimmi und deckte ihre Hände über die beiden. »Du willst sie aufessen? Braten willst du sie? Sie sind doch noch Kinder!«

Das war auch Naukas Meinung. Sie kniete neben Pimmi auf der Decke und hauchte das jämmerliche Graue mit warmem Atem an. Wie es piepste!

»Na, dann essen wir eben nur das Große«, sagte Panelon und schaute sich nach Dschabri um. Die hatte bis jetzt etwas mißtrauisch die beiden Kleinen betrachtet, als aber Panelon sich zu ihr bückte, hüpfte sie kreischend zu ihnen in Pimmis Schoß. Das gab ein großes Geschrei, Geflatter und Gepiepse, und bald rannten die drei Hühnchen aufgeregt auf der Decke hin und her.

»Sie werden sich schon vertragen, wenn sie sich erst besser kennen«, meinte Nauka. »Aber wir brauchen einen Käfig für die drei, damit Macki sie nicht frißt.« Wollte Panelon wohl so gut sein und einen Deckelkorb aus Haselzweigen oder Weidenruten flechten?

Nein, der stapfte beleidigt zu Ringelblume.

»Denen da«, sagte er und wies mit dem Daumen über die Schulter, »denen kann es keiner recht machen. Erst heißt es: Hühner her, drei Hühner! Man tut, was man kann. Da sind sie, die Hühner. Aber jetzt soll ich keinen Bissen davon zu essen bekommen, – ih! Einen Käfig soll ich bauen! Einen Hühnerkäfig! Solche Vögel gehören auf einen Hof oder in den Topf, das ist meine Meinung!«

Ringelblume konnte ihre Meinung nur auf ihre Art ausdrücken: Sie drehte sich langsam um, ging ruhig auf die Decke zu und schnaubte zweimal kurz hintereinander. Wenn die Dinger größer gewesen wären, hätte sie nach ihnen geschnappt, wie sie es auf der Straße tat, sobald ihr ein Huhn vor die Hufe kam. Aber dies genügte schon. Wie Wattebäusche flogen die Küken beiseite. Doch Dschabri schwankte nur etwas, dann richtete sie sich hoch auf, sträubte die Federn und flatterte mit schrillem Kampfgeschrei mitten in das großäugige Pferdegesicht! Ringelblume duckte sich erschrocken, und Dschabri landete auf ihrer Stirn, tat noch einen letzten Hopser und saß triumphierend zwischen Ringelblumes Ohren. Stolz schlug sie nun mit den Flügeln und gackerte zeternd auf die anderen herab. Ringelblume wagte nicht, sich zu rühren. Pimmi mußte sich die Fäuste in den Mund stecken vor Lachen. Nauka bog sich und wiegte sich vor und zurück, und sogar Panelon lachte mit. Doch gleichzeitig beeilte er sich, Ringelblume zu befreien.

Ganz verstört trottete sie hinter den breiten Baumstamm und warf schiefe, mißtrauische Blicke auf das Hühnervolk.

Dies war Dschabris Sieg über Panelon. Er ging sofort daran, in der Hecke am Wiesenrand Haselruten für einen Käfig zu schneiden. Bald danach saßen sie zu dritt auf der Decke und frühstückten. Ein Feuer mochte Nauka nicht anzünden, weil sie immer noch nicht genau wußte, was Pimmi wohl in der Schule angestellt hatte und wie Panelon an die drei Hühnchen gekommen war. Sie mochte nicht entdeckt werden und drängte auch deshalb bald wieder zum Aufbruch. »Es wird Zeit, daß wir zurückfahren«, sagte sie. »An der nächsten Straßenkreuzung werden wir nach Norden oder Süden abbiegen, damit wir auf einem Umweg wieder ins Gebirge und nach Gerlau kommen. Ich habe es mir genau überlegt: Dort, wo wir zuletzt alle zusammen waren, müssen wir uns auch wieder treffen. Ich weiß, daß Mutter Savina ebenso denkt. Wir hätten gleich in Otterau wieder umkehren müssen. Weshalb habe ich nicht daran gedacht? Aber sie werden auf uns warten. Wenn wir uns beeilen, können wir morgen abend dort sein.«

Während dieser ganzen langen Rede sah Pimmi die große Schwester unruhig an. O ja, sie wollte zur Mutter, nirgendwohin sehnte sie sich mehr. Aber Panelon?

Der hatte schon angefangen, einen Korbboden zu flechten. Nun ließ er die Hände sinken. Leise sagte er:

»Ich war fröhlich an diesem Tage. Die Nebel wollten fortziehen aus meinem Kopf, und mein Herz fühlte, daß wir auf dem richtigen Weg zu den roten Felsen sind. Aber ich werde sterben müssen, ehe ich sie gesehen habe.«

»Nein!« rief Pimmi. »Du wirst sie sehen, Onkelchen Panelon! Du wirst sie sehen!«

»Schweig«, sagte Nauka streng. »Du bist ein Kind, und ich muß dich zur Mutter zurückbringen. Niemand weiß, wo die roten Felsen sind.«

Panelon stand auf, mühsam wie ein ganz alter Mann. Er ging ein paar Schritte den Weg hinunter und blieb dann mit dem Rücken zu den Kindern stehen.

»Er ist traurig«, flüsterte Pimmi. Aber ihr Herz schlug

laut: Morgen abend, morgen abend sollte sie bei der Mutter sein!

»Wir können ihm nicht helfen!« flüsterte Nauka. Und ihr Herz schlug laut: Er ist alt, er ist einsam. Wenn wir nun wirklich den Weg für ihn fänden?

Da schluckte Pimmi und sagte: »Nauka, es gibt doch ein Gesetz, das sagt, man muß denen helfen, die in Not sind?«

»Es ist das erste Gesetz, das die Mara-Mami uns gesagt hat. Ich weiß, Pimmi. Aber wir kennen doch den Weg nicht! Und wir sind Kinder und müssen zu unseren Eltern zurückkehren. Wir wollen mit der Mara-Mami darüber sprechen. Wenn es die roten Felsen wirklich irgendwo gibt, dann kennt sie den Ort. Wir werden alle zusammen mit Panelon dorthin fahren.«

»Und wenn wir sie in Gerlau nicht treffen?« fragte Pimmi.

Nauka zuckte die Achseln. Was sollten sie dann tun? Man würde sie in Gerlau nicht dulden, und nach Otterau wollte sie auch nicht zurück. Es konnte sehr lange dauern, bis sie die Eltern wiederfanden. Vielleicht mußten sie bis zum Winter warten, wenn alle Zigeuner irgendwo in den Städten ihre Wagen abstellten. Dann konnte einer vom anderen erfahren, wo die einzelnen Sippen zu finden waren. Bis dahin war es ihre Sache, für Pimmi und den alten Mann zu sorgen. Ihre Sache, Naukas Sache. Ach, eine so schwere Sache!

Pimmi stieß sie an und flüsterte: »Habe ich dir nicht gesagt, daß ich beim Lehrer war? Und daß er mir die plattgebügelte Erde mit dem Weg geschenkt hat?«

»Eine Landkarte, Pimmi?«

»Ein Bild mit Flüssen und Städten und Feldern, aber alles ist ganz klein und sieht anders aus. Der Lehrer sagt, so sehen es die Vögel. Ich glaube das nicht, oder die Vögel würden mir leid tun. Es ist nicht eine einzige Blume dabei, kein Tier und kein Mensch! Der Herr Lehrer Kollege weiß, wo es rote Felsen gibt, wir müssen nur ein bißchen danach suchen an der Grenze, wo Frankreich anfängt. Etwas ist dort geschehen, aber er wollte es mir nicht sagen.«

»Ist das wahr, Pimmi?«

»Ich schwöre es bei unseren Toten!«

Und das war ein heiliger Schwur.

Pimmi zog die Landkarte aus ihrem Kleid und zeigte sie Nauka. Die fuhr mit dem Finger an der Bleistiftlinie entlang und überlegte, wieviel Zeit sie wohl brauchen würden, um den Punkt zu erreichen, an dem sie endete. Sie ließ ihren Finger auch zurückwandern nach Otterau und nach Gerlau. Mateo hatte ihr gezeigt, wie man mit Landkarten umgeht. An einem Sommerabend war es gewesen, noch gar nicht lange her, und sie hatten an einem sonnigen Abhang gesessen. Da hatte Mateos Hand Naukas Finger über die Landkarte geführt, und er hatte geduldig gewartet, wenn sie die Namen der Städte und Flüsse buchstabierte.

Nauka hob die Augen und sah zu Panelon hinüber. Er hatte sich noch nicht von der Stelle gerührt. Gebeugt und müde stand er dort. War er nicht Mateos Vater? Und hatte nicht Pimmi recht, daß man denen helfen muß, die in Not sind, nach uraltem Zigeunergesetz, einerlei, was es kostet? Wer mit Willen einem Bruder seine Hilfe versagte, wurde geächtet. Gewiß, Panelon hatte satt zu essen, niemand bedrohte, niemand verfolgte ihn. Oder doch? Am Ende war es eine Seele, die ihn verfolgte, die ihn trieb, die roten Felsen zu suchen? Die Mula von Mateos Mutter? Niemand wußte etwas von ihr, aber sie mußte wohl tot sein.

Pimmi sagte: »Wenn man das Gesetz nicht tut, bekommt man ein häßliches Herz, nicht wahr, Nauka? Und man kann nie wieder froh sein.«

Nauka nahm sie in die Arme. »O Pimmi! Dein Herz ist schön wie eine Blume!«

»Gib acht!« sagte Pimmi verlegen. »Du stößt an meinen Fuß.«

»Tut er noch weh?«

»Nur ein bißchen. Aber es klopft nicht mehr so wie gestern abend. Morgen bin ich wieder gesund. Pack ein, Nauka, wir müssen über den Fluß fahren, der Rhein heißt.«

»Was würden wohl Mara-Mami und Mutter Savina tun?« fragte Nauka.

»Sie helfen allen Menschen«, antwortete Pimmi.

Nauka stand auf und begann schweigend einzupacken. Pimmi half ihr dabei, so gut sie konnte. Sie setzten Dschabri, Dschabris erste Schwester und Dschabris zweite Schwester in Panelons großen Kochtopf. Dschabri beschwerte sich, hackte und wollte über den Rand flattern. Auch die Brotkrumen, die Pimmi ihr hineinwarf, konnten sie nicht beruhigen. Sie war längst satt. Da legte Nauka ihren Unterrock über die Öffnung, band ihn ringsum mit einer Schnur fest und schnitt kurzerhand mit Panelons Schnitzmesser Luftlöcher in den Stoff. Eines Tages würde sie die wieder stopfen, – oder auch nicht!

Bei dem lustigen Hin und Her hatten sie Panelon und alle schwierigen Fragen vergessen. Doch nun merkten sie, daß der Platz auf dem Weg leer war. Weit hinten, schon fast an der Straße, ging der alte Mann. Was hatte er vor?

Nauka lief ihm nach. Als sie ihn festhalten wollte, schüttelte er eigensinnig den Kopf:

»Laß mich! Ihr könnt Ringelblume und den Wagen behalten. Ich gehe zu Fuß weiter. Laß mich! So laß mich doch!«

»Was willst du tun, Panelon?« fragte Nauka erschrocken.

»Niemand kann einen alten Mann festhalten, wenn seine Zeit gekommen ist, zu gehen«, sagte Panelon mit großen Augen. Ein fremder, schrecklicher Glanz war darin.

Nun wußte Nauka, was sie tun sollte.

»Komm, Panelon«, sagte sie. »Komm, wir fahren mit dir zu den roten Felsen. Pimmi hat eine Landkarte, und der Lehrer im Dorf hat ihr den Weg gesagt.«

Zuerst verstand er sie nicht. Sie mußte ihm zweimal, dreimal erklären, was sie von Pimmi gehört hatte. Mit beiden Händen hielt sie seine Arme fest.

»Was ist dort geschehen mit den Zigeunern?« fragte er plötzlich und begann zu zittern. »Was ist ihnen geschehen an der Grenze? Was wollten die schwarzen Männer bei den brennenden Wagen? Wie geschah das alles, wie geschah es?«

»Ich weiß es nicht, der Lehrer hat es nicht gesagt. Aber weißt du es denn nicht, Panelon?«

»Die Nebel!« stöhnte Panelon. »Immer kommen die Nebel und decken es zu! Darum muß ich sie suchen, die roten Felsen, damit ich es wieder weiß!«

»Wir helfen dir, Panelon.«

Eine kleine Träne fiel auf ihre Hand.

»Meine Tochter sollst du sein, schöne Nauka!«

Sie wurde rot und lachte, ließ ihn los und lief zum Wagen zurück. Er folgte ihr, und bis er unter dem Birnbaum anlangte, war er wieder der alte Panelon. Er schimpfte über die Hühner im Kochtopf:

»Dahinein gehören sie, jawohl! Aber mit umgedrehten Hälsen und Zwiebeln und Petersilie im Bauch! Ihr werdet mir noch Suppe aus Hühnerdreck kochen, ihr kleinen Weiber, soweit kommt es!«

Doch als er auf dem Kutschbock saß, Pimmi und Macki neben sich, bestand er darauf, daß der Hühnertopf zwischen seinen Füßen stehen müßte.

»Damit die Mordkatze sie nicht frißt! Für die habe ich sie nicht mitgebracht!«

Bald rollte der Karren über die Landstraße nach Westen. Nauka ging nebenher und konnte kaum Schritt halten, so trieb der alte Mann die Stute jetzt an. Und dann begann er mit krächzender Stimme zu singen:

»Lauf, mein Pferdchen!
Silberhufe –
Spring, mein Pferdchen!
Goldne Zügel –
Tanz, mein Pferdchen!
Einen Sattel
rot und blau
aus Samt und Seide
kaufe ich dir morgen!

Lauf, mein Pferdchen!
Zuckerstückchen –
Spring, mein Pferdchen!
Süße Rübchen –
Tanz, mein Pferdchen!

Eine Weide
grün und bunt
am hellen Bach
zeige ich dir morgen!

Lauf, mein Pferdchen!
Rote Sonne –
Spring, mein Pferdchen!
Silbermond –
Tanz, mein Pferdchen!
Heute abend
fällt ein Stern
in meinen Becher,
wenn die Feuer brennen!«

»Du singst! O Panelon, du singst!« rief Pimmi. »Bist du nun wieder ganz froh, weil wir zu den roten Felsen fahren?«

»Ja«, sagte er mit rauher Stimme. »Und nein. Und ja.« Doch dann sang er das fröhliche Lied noch einmal und noch einmal, bis Pimmi und Nauka es auch gelernt hatten.

Und Nauka bückte sich und pflückte im Gehen einen Strauß am Straßenrand. Bittere Schafgarbe brach sie, weil doch in ihrem Herzen die Angst nicht schweigen wollte, die Angst vor diesem Weg. Sie nahm von der blauen Wegwarte auch, die überall blüht, wo die Zigeuner wandern. Dann tat sie giftiges Schöllkraut dazu, damit Gift das Giftige und Böses das Böse vertreibe. Zuletzt aber pflückte sie sternige Kamille, die alles Übel heilt.

Sie legte den Strauß an ein Wegkreuz, und während sie weitersang mit den anderen, bat sie Gott, er möge ihnen allen helfen.

Parni und die verlorenen Kinder

Bald darauf fuhren sie über den Fluß, der Rhein heißt. Auf der breiten Brücke stauten sich die Autos, als Ringelblume gemütlich daherklapperte, und die Fußgänger blieben stehen, um das merkwürdige Fahrzeug zu betrachten. Pimmi klammerte sich an Panelons Schulter und rief mit angstschriller Stimme:

»Nauka! Gib acht! Nicht so nah, Nauka, nicht so nah!« Denn Nauka ging auf dem Fußgängerweg am Brückengeländer entlang, und dort unten war Wasser, so viel Wasser, strömend, glitzernd und dunkel über einer unsichtbaren Tiefe! Daß auf den großen Schiffen, die so tief in der Strömung lagen, auf den Schleppern und Motorbooten Kinder und Hunde umherliefen!

Auch Nauka ging nicht gern über die Brücke, denn alle tiefen Wasser sind unheimlich. Und trennte nicht dieser Fluß wie ein Graben die Ufer? Lag nun nicht hinter ihr das Land, in dem irgendwo, irgendwo der grüne Wohnwagen fuhr? Lag nicht vor ihr das Land, in dem irgendwo, irgendwo die roten Felsen sein sollten, mit einem Geheimnis, von dem niemand wußte, ob es gut oder schlimm war, davon zu wissen?

Da schaute Nauka auf und sah über den Dächern den mächtigen Doppelturm einer Kirche, und der war von leuchtendrotem Stein! Wenn die Leute so große Kirchen aus rotem Stein bauen konnten, dann mußte es rote Felsen geben in diesem Land! Nauka hob den Arm und rief: »Panelon! Siehst du die roten Türme?«

Ja, Panelon sah sie. Er nickte nur.

Am Ende der Brücke hielt ein Polizist sie an, weil Panelon sich um kein Verkehrszeichen kümmerte. Nauka sprach mit dem Uniformierten und fragte ihn nach einem Platz, an dem Zigeuner lagern durften. Ungeduldig hörte Panelon zu, und als sie weiterfuhren, sagte er zu Pimmi:

»Dummheit! Ich weiß genau, wo der Platz ist!«

»Warst du schon einmal hier?«

Wieder nickte er nur und trieb Ringelblume an. Seine

Hände zitterten, Pimmi sah es. Nauka sprang nun auch auf den Wagentritt. Sie wunderte sich, wie bald der Alte die Stelle gefunden hatte.

Schön war es nicht dort. In einem Winkel zwischen zwei Bahndämmen, hinter Güterschuppen und Schrottplätzen, stand eine Reihe dunkler Baracken. Davor waren regellos zwischen Gestrüpp und Sandkuhlen Gärten angelegt, umzäunt von rostigem Stacheldraht. Armselige Hütten aus Trümmersteinen, Blech und Kistenholz duckten sich unter den Damm. Das also waren die Wohnungen der Ärmsten aus dieser Stadt. Blauer Rauch stieg aus dünnen Ofenrohren, die wie gekrümmte Finger aus Dächern und Fenstern in den Abendhimmel stießen. Hühner scharrten auf den Vorplätzen, Kaninchen drückten die Zitternasen an den Maschendraht der Käfige, Geranien und flammende Kresse blühten in zerbeulten Eimern und löcherigen Kochtöpfen. Wäsche flatterte bunt zwischen windschiefen Pfählen. Es spielten auch Kinder auf dem morastigen, ausgefahrenen Weg, die umringten gleich den Wagen und schoben ihn lachend und schreiend zu einem freien Platz.

Dort stand ein Wohnwagen, und mit seinem glänzendbraunen Lack und den frischen weißen Spitzengardinchen hinter den Fenstern sah er einladend und freundlich aus neben den grauen Hütten und den düsteren Baracken. Zwei Jungen und ein Mann steckten die Köpfe unter die Motorhaube des Bulldogs, der dazu gehörte. Nauka sah gleich, daß sie Zigeuner waren. Auf dem einzigen Sonnenfleck, den es zwischen den Bahndämmen noch gab, stand eine dunkelhaarige Frau am Waschfaß. Als der Karren näher kam, streifte sie den Seifenschaum von Armen und Händen und ging ihm entgegen.

»Wir finden euch mit Gott!« rief Nauka und nannte gleich ihre Namen.

»Ihr kommt mit Gott!« sagte die Frau ernst. Als sie Panelon die Hand gab, sah sie ihn lange und forschend an, aber er beachtete sie kaum. Er blickte unruhig auf dem Platz umher und stieg erst vom Bock, als Pimmi ihn an der Jacke gezogen hatte.

»Unser Abendessen ist bald fertig«, sagte die Frau zu Nauka. »Ihr seid unsere Gäste.«

Immer noch war sie ernst und nachdenklich und beobachtete den Alten. Mühsam, als seien Arme und Beine ihm schwer, schirrte er Ringelblume aus und pflockte sie am Bahndamm an. Nauka half ihm dabei und fütterte auch gleich die Hühner mit zerkleinerten Brennesseln und Brotkrumen. Die Kinder aus den kleinen Häusern brachten ihr sogar eine Handvoll Sonnenblumenkerne. Ein großes Mädchen kam dazu, das sah wie eine Zigeunerin aus, war aber wie eine Fremde gekleidet. Sie schien etwas älter als Nauka zu sein. Gleich nahm sie die Küken in ihren Schoß und kaute ihnen das Brot vor. Nauka wollte sie anreden, fragte sie nach ihrem Namen und nannte ihr den ihren. Aber das Mädchen antwortete ihr nicht. Es lächelte nur und schüttelte den Kopf. Als die Hühnchen wieder in ihrem Topf saßen, ging sie fort und hatte kein einziges Wort mit Nauka gesprochen. Aber sie winkte ihr zu.

Migra, die Zigeunerfrau, wand gerade die letzten Wäschestücke aus dem Zuber. Nauka blickte sie fragend an.

»Ihre Ohren sind taub, und ihr Mund ist stumm«, sagte Migra. »Sie heißt Tereina und gehört zu einer Sippe von seßhaften Zigeunern, die drüben in der Baracke wohnen. Ihre Eltern sind tot. Die Leute, die sie aufgenommen haben, gehören auch nicht zu ihrer Sippe. Soviel ich weiß, kam ihre Familie aus Ungarn – damals.«

»Damals?« fragte Nauka.

»Ich denke, du mußt wissen, was das bedeutet, wenn du mit Panelon kommst«, sagte Migra und trug ihre Wäsche hinter den Wagen. Sie sah so verschlossen und abweisend aus, daß Nauka keine Frage mehr wagte.

Bald saßen sie im gemütlichen Wohnwagen. Es war eng, aber jeder hatte seinen Platz am Tisch oder auf den Betten. Pimmi schaute sich strahlend um. Sah es hier nicht fast ganz genauso aus wie in Mutter Savinas grünem Wagen? Der kleine Herd, der Klapptisch, die schmalen Betten an der Längswand, die Schlafbretter darüber! Juan, der Mann, war Korbflechter und Besenbinder. Alle seine Waren baumelten lustig bunt an der Decke, und dazwischen schaukelte ein Wiegenkorb mit einem winzigen Schwesterchen!

Pimmi wußte nicht, ob für sie das kleine Kind oder die vielen Heiligenbilder in der Ecke hinter dem roten Lämpchen das Schönste in diesem Wagen waren. Da standen auf dem Eckbrett nicht nur ein Muttergottesbild mit goldenem Gesicht und eine Sara-Statue aus weißem Porzellan, wie überall in den Zigeunerwagen, – da gab es noch einen heiligen Antonius, einen heiligen Christophorus, einen heiligen Franziskus mit Vögeln, Fischen, Hunden, Katzen, Eseln und einen heiligen Georg mit einem schrecklichen Drachen! Da stand auch ein Bild von einem freundlichen Mann, der »Doktor Martinus Luther« hieß, wie Juan sagte, und daneben eine kleine, dickbäuchige Tonfigur, ein nackter Mann mit untergeschlagenen Beinen. »Buddha« nannte Juan ihn, und Pimmi mochte ihn gleich besonders gut leiden, weil er so friedlich aussah. Wo es so viele Heilige gab, lebten bestimmt sehr glückliche Menschen!

Mutter Migra schöpfte allen große Teller voll Gemüse und Kartoffeln aus und gab den Gästen die größten Fleischbrocken aus dem Topf. Zum Nachtisch brachte sie fettes Gebäck und kandierte Früchte. Es wurde nicht viel gesprochen bei dieser Mahlzeit. Panelon stand auf, als Juan mit einer Weinflasche kam. Nein, er wolle keinen Wein trinken. Nauka und Pimmi staunten. Schlurfend ging der alte Mann hinaus. Nein, es solle auch niemand mit ihm kommen, allein möchte er sein.

Die Kinder erzählten, wie sie ihre Sippe verloren und Panelon getroffen hatten. Nauka sagte: »Unser Onkel Panelon ist traurig, ihr habt es auch gemerkt. Er sucht einen Ort, an dem er schon einmal war, und wir müssen ihm dabei helfen. Man kann ihn nicht allein lassen.«

»Gott helfe euch!« sagte Migra leise.

Juan fragte: »Wissen eure Eltern, was ihr tut?«

»Wir konnten ihnen keine Nachricht geben.«

Migra und Juan sahen sich an. Ihre Augen führten ein stummes Gespräch. Dann sagte Juan:

»Morgen oder übermorgen, sobald der Bulldog wieder in

Ordnung ist, fahren wir in das Gebirge auf der anderen Rheinseite. Ich habe ein Motorrad und will versuchen, eure Leute zu finden. Was soll ich ihnen ausrichten?«

Dankbar blickte Nauka ihn an. »Sage ihnen, daß wir zurückkehren, sobald wir gefunden haben, was wir suchen. Daß wir wieder durch diese Stadt fahren wollen, dann nach Otterau und Gerlau.«

»In früheren Jahren waren sie oft in Blasberg zum Winter«, sagte Migra.

»Woher weißt du das?«

»Ich weiß es. Wir reden später noch darüber. Jedenfalls solltet ihr zuerst nach Blasberg fahren.«

Migra stellte die Teller und Gläser zusammen. Nauka half ihr beim Abwaschen. Juan ging mit den Jungen hinaus und schlug ein Zelt am Bahndamm auf. Ihre Betten gehörten heute den Gästen. Glückselig kletterte Pimmi auf ihr Schlafbrett.

Als dann nur noch das rote Lämpchen im dunklen Wagen brannte, saßen Migra und Nauka draußen auf der Treppe. Das Schwesterchen trank leise schmatzend an Migras Brust. Panelon wanderte zwischen den Baracken und Hütten umher. Nun kam er näher, aber er sah die Frauen auf der Wagentreppe nicht. Lange stand er still mit gesenktem Kopf neben dem Traktor. Er tat sechs, acht Schritte, machte eine halbe Wendung, ging drei Schritte, dann wieder acht Schritte zurück. Sah es nicht aus, als wollte er etwas abmessen? Jetzt lief er eilig zu seinem Karren, hob die Deichsel und zog ihn keuchend zu jener Stelle. Ringelblume stand nicht weit davon. Mißmutig hob sie den Kopf. Wollte er schon wieder fahren, mitten in der Nacht?

»Weshalb tut er das?« fragte Nauka und stand auf, um ihm zu helfen.

»Laß!« sagte Migra und drückte sie heftig auf ihren Platz zurück. »Er weiß, weshalb er das tut.«

Panelon kletterte in den Karren. Bald hörten sie den Strohsack knistern.

»Er wird nicht viel schlafen in dieser Nacht. Die Mule sind bei ihm. Gott möge ihm gnädig sein.«

»Du kennst ihn? Was weißt du von ihm?« fragte Nauka.

Lange schwieg die Frau. Sie löste das schlafende Kind von ihrer Brust, schob seine braunen Fäuste unter ihr Schultertuch und schlug ihren Rock über seine Füßchen.

»Parni war von unserer Sippe«, sagte sie leise.

»Panelons Parni? Dann gehört er ja zu euch!« rief Nauka.

»Damals gehörte er zu uns«, antwortete Migra und rückte unmerklich ein Stück von ihr fort. Doch dann legte sie schnell ihren Arm um Naukas Schultern und sagte:

»Nein, nein. Ich will es vergessen. Das ist vorbei. Man muß die alten Feindschaften auslöschen.«

Erschrocken blickte Nauka sie an.

»Feindschaft?« fragte sie unsicher. »Ich weiß nichts von Feindschaft zwischen eurer und unserer Sippe.«

»Nein, man hat euch nichts davon gesagt, das haben wir schon gemerkt. Ihr wärt sonst auch nicht hierhergekommen. Du kannst mir glauben, daß eure Leute euch hier bestimmt nicht suchen werden. Hier ist unser Wandergebiet. Sie geht uns aus dem Wege, die alte Mara. Aber lassen wir das jetzt. Es hat genug Tod und Leid gegeben. Auch genug Schuld. Wir werden zu euren Leuten fahren und ihnen deine Botschaft ausrichten. Mögen dann die alten Schatten vergessen sein.«

»Gott soll euch segnen dafür«, sagte Nauka. »Aber willst du nicht deutlicher reden?«

Migra schaute auf das Kind in ihrem Schoß. »Wer weiß, was es versteht von unserer Rede? Es ist noch so klein. Aber die Herzen der Unschuldigen hören alles, was wir in ihrer Gegenwart sprechen. Es soll davon nichts wissen. Warte, ich bringe es in den Wagen.«

Als sie wiederkam, setzte sie sich dicht neben Nauka. Sie zündete eine Zigarette an und reichte sie ihr.

»Nimm nur«, sagte sie, als Nauka zögerte. »Man verlangt ja von dir, daß du jetzt erwachsen bist.«

Lange Zeit rauchten sie schweigend. Dann fragte Migra:

»Weißt du, daß er geächtet war? Ausgestoßen?«

»Panelon?«

»Fünf Jahre lang. Danach hat Mara, eure Großmutter,

ihn aufgenommen. Vielleicht auch schon, ehe die Frist abgelaufen war. Man erzählte es uns. Sie hält es sonst wohl streng mit den alten Gesetzen, und sie wußte auch gut, was das für sie selbst und euch alle bedeutete. Aber sie hat es wohl wegen des Jungen getan. Heißt er nicht Mateo?«

»Ja, Mateo! Jetzt ist er ein Mann. Er ist Puppenspieler, und lesen und schreiben kann er. Alle seine Stücke schreibt er selbst. Und er ist ein guter Sohn.« Naukas Augen glänzten, als sie von Mateo sprach.

»Hat er schon eine Frau?« fragte Migra.

»Mateo? Nein ...« antwortete Nauka, und es war ein Zögern in ihrer Stimme, das Migra gleich verstand. Sie lachte leise und kurz auf.

»Aha! Also wird er bald eine haben!«

Nauka zog so heftig an ihrer Zigarette, daß sie sich verschluckte und husten mußte. Gutmütig lachend klopfte Migra ihr den Rücken und flüsterte ihr dabei ins Ohr: »Viel Glück, schöne Nauka!«

Dann war es wieder lange still zwischen ihnen. Migra zündete sich eine neue Zigarette an, Nauka dachte an Mateo. Was würde er sagen, wenn er aus dem Gefängnis kam und erfuhr, daß sie mit seinem Vater ...? Ein Hund kläffte zwischen den Hütten. Eine Barackentür fiel hart ins Schloß.

»Ja, ich habe ihn gleich wiedererkannt, den Panelon«, sagte Migra. »Dich auch, Nauka. Du siehst deiner Mutter ähnlich. Die kleine Pimmi ist dunkel und schmal wie Mara. Früher waren wir oft zusammen, bei Hochzeiten, Kindtaufen oder Begräbnissen. Auch beim Sara-Fest standen unsere Wagen immer nahe beieinander.«

»Und dann?«

Migra legte den Kopf zurück und blies den Rauch in den Nachthimmel.

»Dann kam die Zeit, in der die Braunhemden und ihre bösen schwarzen Brüder dieses Land regierten. Zuerst merkte man nicht viel davon. Was kümmern uns die Regierungen und die Grenzen? Man geht den Uniformierten aus dem Wege und lebt sein eigenes Leben. Natürlich nehmen sie uns das übel, – heute so gut wie damals. Daß sie uns schief ansahen wegen unserer dunklen Haut, daran waren wir längst gewöhnt. Aber damals kam es schlimmer. Sie verlangten plötzlich, daß wir nicht mehr wandern sollten. Die Wagen wurden von den Rädern gehoben, alle Namen schrieben sie in langen Listen auf. Jede Woche mußten wir uns melden, oder sie machten Kontrollen im Lager. Sie hatten nämlich einen Krieg angefangen, die Braunen, und wir sollten ihnen dabei helfen. Wir Frauen mußten in die Fabriken, die Männer sollten Soldaten werden. Aber die schickten sie bald zurück. Hast du schon einmal einen Zigeuner gesehen, der Soldat war? Dafür taugen wir nicht, Gott hat uns für eine friedliche Welt erschaffen. Es gibt Stammesfeindschaften und Sippenfeindschaften unter uns, aber Kriege haben wir noch nie geführt. – Aber was wußten die Braunen und Schwarzen von unserer Art? Die hatten Stimmen wie Messer, und Ohren nur am Kopf, nicht im Herzen.

Bald gingen also unsere Männer und Frauen in die Fabriken. Wir waren ja immer geduldig und vertrauensvoll wie Kinder. Man mußte uns nur ein bißchen scharf kommen, gleich duckten wir uns. Ach, das ganze Land duckte sich. Was soll ich dir sagen? Wie vor einem Gewitter war es, wenn die Vögel und die Bäume stumm werden. Aber nicht alle haben das gespürt. Wir verdienten recht gut in den Fabriken, und wenn es nicht so unerträglich langweilig gewesen wäre, das ewige Stillsitzen an einem Ort, hätten manche sich ganz wohl dabei gefühlt.

Wir waren damals in einer großen Stadt im Norden, wo die vielen Fabriken und Kohlengruben sind. Sie hatten uns Plätze angewiesen in einer Siedlung, ähnlich wie diese. Ich war noch jung und unverheiratet, meinen Juan habe ich später in Spanien kennengelernt. Parni war meine Kusine, sie hatte fünf Kinder, und Panelon verdiente gut, weil er abends nach der Fabrikarbeit Puppenköpfe schnitzte. Die ließen sich gut verkaufen. Parni war alle Feierabende und alle Sonntage damit unterwegs.«

»Und dann?« fragte Nauka.

»Und dann fing es an. Zuerst erfuhren wir von Freunden, daß man an anderen Orten die Zigeuner in Lager geschickt hatte, große Sammellager, zusammen mit den Juden. Es hieß: Alle Juden und Zigeuner sind schlecht. Man darf sie nicht bei den anderen Menschen leben lassen. Wir haben nichts davon verstanden. Lager? Was heißt das? Wir leben immer im Lager. Und weshalb sollten wir schlechter sein als die Gadsche? Wir sagten: Das sind Märchen. Sind wir nicht hier im Lager und es geht uns gut? Wir wollen ja gar nicht mit den Gadsche zusammenleben.

Dann hörte man, in den großen Sammellagern, Konzentrationslager nannten sie das, hielte man die Männer, Frauen und Kinder getrennt. Unsinn! sagten wir. So etwas gibt es doch gar nicht! Familien gehören zusammen, so hat Gott es gewollt. Daran kann kein Mensch etwas ändern.

Bald wurden die Botschaften immer schlimmer. Das meiste erfuhren wir von Juden, die sich bei uns verstecken wollten. Eine junge Jüdin hat länger als ein halbes Jahr bei uns gelebt. Sie schlief in Ehra-Mamis Bett, und wenn die Kontrollen kamen, hat die alte Frau ihr Federbett über sie gedeckt. Fast hundert Jahre alt war die Ehra-Mami damals, aber die Schwarzen haben nicht gewagt, ihr zu nahezukommen! Diese Frau also, und die anderen Juden auch, die zu uns kamen, erzählten schreckliche Dinge: In den Lagern müßten die Leute schwer arbeiten und bekämen nicht genug zu essen. Man spritzte ihnen Krankheiten ins Blut, und wenn sie zu krank, zu alt oder zu schwach für die Arbeit wären, würden sie nachts mit Lastautos fortgebracht, und niemand hörte mehr etwas von ihnen. Wir glaubten auch das nicht. Krankheiten, sagten wir, kommen von Gott. Kein Mensch hat Macht, einen anderen krank zu machen, wenn er nicht zaubern kann. Aber nach Zauberwissen sahen die Schwarzen nicht aus. Und die Alten und Schwachen muß man schützen, niemand darf ihnen Böses tun. So dachten wir.

Da ist eines Tages das schöne Judenmädchen aus Ehras Bett aufgestanden und ist den Männern von der Kontrolle entgegengegangen. ›Nehmt mich mit!‹ hat sie gesagt. ›Ich kann nicht mehr.‹ Und ich habe gesehen, wie man sie geschlagen hat, als sie abgeführt wurde. Da fingen wir an, das Böse zu glauben.

Weißt du, sie sahen ja nicht anders aus als alle Menschen, die Braunen und die Schwarzen und ihre Kriminalbeamten. Man sah ihren Gesichtern nichts an. Manchmal kam auch eine Frau, die zu ihnen gehörte. Sie redete mit uns in unserer Sprache. Wie uns das freute! Aber sie wollte nur die Kinder aushorchen, sie hat sich verstellt und uns mit freundlichen Worten betrogen. Das böseste Böse ist schrecklich verborgen, du kannst es nicht fassen.«

Migra zündete sich eine neue Zigarette an und lehnte sich an die Wagentür. Nauka fühlte, wie erregt sie war. Mit leiser, eintöniger Stimme redete sie weiter:

»Eines Tages befahl die alte Ehra, wir sollten alles zum heimlichen Aufbruch fertigmachen. Sie sagte uns, die Stimmen der Mule hätten in der Nacht mit ihr geredet. Da wagte niemand mehr zu widersprechen. Wir waren aber eine Sippe von fast fünfzig Wagen. Unmöglich konnten wir gemeinsam fahren, man hätte uns sofort erwischt. So bestimmten wir durch das Los, wie jeder reisen sollte, und wir fuhren auf getrennten Straßen. Wir brachen auch nicht alle in der gleichen Nacht auf, sondern immer nur mit drei Wagen auf einmal, und zum Schein ließen wir manche Wagen zurück.

Unterwegs hielten wir uns auf Nebenstraßen und Waldwegen, wir fuhren auch nur bei Nacht. Angst und Hunger hockten auf jedem Wagentritt. Damals haben wir gestohlen wie die Raben, weil wir doch nicht am hellen Tag in die Dörfer gehen konnten, um Geld zu verdienen. Und trotzdem halfen uns viele Leute. Nicht alle Gadsche waren vom Teufel regiert, das merkten wir gut. Sie duckten sich, sie schwiegen, aber sie verschlossen ihm ihre Herzen. Sie gaben uns Milch für die Kinder und Hafer für die Pferde. Sie zeigten uns auch die kürzesten Wege zur Grenze und die heimlichen Übergänge, die Gadsche. Wären sie nicht damals so gut zu uns gewesen, niemals hätte ich in dieses Land zurückkehren wollen. Die meisten von unserer Sippe, die damals durchkamen, sind auch in Frankreich und Spanien geblieben. Deshalb reisen wir allein.«

Migra warf die Zigarette fort, trat sorgfältig die Glut aus und entzündete gleich wieder eine neue.

»In Madrid haben wir uns wieder getroffen – nach vielen Wochen oder Monaten. So war es ausgemacht. Aber es kamen nicht alle. Manche hatte man noch in Deutschland gefaßt, andere im Elsaß und in Lothringen. Wir hörten nie wieder etwas von ihnen. Du hast Tereina gesehen. Sie ist dort geboren, im Lager. Als sie zwei Jahre alt war, kam ihre Mutter allein mit ihr zurück. Der Krieg war vorüber, aber sie hatte keinen Wagen mehr, keinen Mann und keine Kraft, zu leben. Bald danach ist sie gestorben. Die seßhaften Leute haben es mir erzählt. Ich will nun schweigen. Du weißt, was du wissen mußt. Es ist nicht gut, das Unglück mit Worten zu beschwören.«

»Und Panelon und Parni? Von ihnen hast du nichts mehr gesagt. Was ist mit Parni und den Kindern geschehen? Weshalb mußte Panelon ein Ausgestoßener sein? Was geschah denn bei den roten Felsen, von denen er immer spricht?«

»Du fragst viel. Aber es ist nicht meine Sache, darüber zu reden. Panelon mag es dir selbst erzählen.«

»Sein Kopf ist wirr und krank. Er hat es vergessen.«

»Wie soll ich das glauben?« rief Migra ärgerlich. »Man vergißt nicht, was man Böses getan hat!«

»Böses?«

Migra biß sich auf die Lippen. »Laß nur, ich habe ein eiliges Mundwerk.«

»Er weiß nicht mehr, wo die roten Felsen sind, so sagt er.«

»Aber ich weiß es. Komm, ich will es dir erklären.«

»Du kennst den Weg?«

»Von den andern weiß ich, wo die roten Felsen sind. Ich war selbst schon dort mit Juan.«

Sie gingen in den Wagen und zündeten eine Kerze an. Lange saßen sie am Tisch vor der ausgebreiteten Karte. In zwei oder drei Tagen könnten sie die Stelle erreichen, meinte Nauka.

»Und was werden wir dort finden?« fragte sie.

»Die Wahrheit«, sagte Migra.

Später, als sie das Licht gelöscht hatte, flüsterte sie: »Panelon. Sein Name bedeutet Wasser und Salz. Tränen! Ich will nicht mehr in Bitterkeit und Zorn an ihn denken. Mag sein, daß er wirklich vergessen hat, was dort geschah. Sei gut zu ihm, Nauka.«

Früh am anderen Morgen kam Juan und weckte sie. »Steht auf! Der alte Mann hat das Pferd schon eingeschirrt!«

Eilig tranken sie den Kaffee, den Migra ihnen gekocht hatte. Panelon rührte nichts an. Er blickte weg, sooft Migra in seine Nähe kam.

»Er hat mich erkannt!« flüsterte sie Nauka zu. »Sag ihm, daß ich alle Feindschaft vergessen will.«

Juan und der größere Junge flochten mit flinken Händen den Korb für die Hühnchen fertig. Auch Tereina kam wieder. Sie brachte Brennesselblätter und ein feingehacktes Ei. Pimmi sah ihr zu, wie sie die Tiere fütterte. Sie unterhielten sich mit Zeichen und Gebärden. Manchmal lachte Tereina, aber sogar ihr Lachen klang seltsam unbeholfen. Es kam kollernd ganz tief aus der Kehle. Ihre Schultern und ihr Rücken zuckten dabei, und ihr Mund verzog sich, als wollte sie weinen.

»Das Lachen muß sie auch noch lernen«, sagte Migra, als sie mit Nauka an den beiden vorüberkam. »Sie hat es nicht gut bei den Leuten. Du weißt ja, wie sie sind, die Seßhaften. Ich kann mit denen nicht auskommen.«

Dann mußten sie Abschied nehmen.

»Geht mit Gott. Wir werden uns wiedersehen«, sagte Migra.

»Bleibt mit Gott!« sagten Nauka und Pimmi. Panelon schwieg und blickte weg.

Sie kamen weit an diesem Tag, aber sie fuhren nicht auf den Straßen, von denen Migra am Abend vorher mit Nauka gesprochen hatte.

»Ich muß meinen eigenen Weg fahren. Auf dem Landkartenweg kann ich die Felsen nicht finden«, sagte Panelon. Doch schimpfte er nicht wie sonst, wenn Nauka ihm widersprach. Als sie zu Mittag rasteten, aß und trank er, was Nauka ihm gab und setzte sich abseits, sobald er fertig war.

Am Nachmittag ging er mit dem Löffelkasten in ein größeres Dorf. Er brachte Pimmi eine dicke Lakritzstange mit. Er sagte:

»Luludi, meine jüngste Tochter, mochte das schwarze Zeug gern essen. Als wir damals durch dieses Dorf kamen, war es Nacht und ich konnte ihr nichts kaufen. Iß, Pimmi!«

Abends blieben sie bei einer Feldscheune, fernab von den Ortschaften. Panelon ging einmal rund um das leichte Bretterhaus, beklopfte die Wände und sagte:

»Die haben sie umgebaut. Damals war sie nicht so groß. Tamli, meine große Tochter, hat hier Heu geholt für unsere Pferde. Drüben am Hang standen die Wagen, nicht hier, nicht so nahe am Weg.«

Mitten in der Nacht wachte Nauka auf, weil Panelon mit Ringelblume sprach. Er schirrte sie ein! Verschlafen kletterte Nauka aus dem Wagen.

Panelon sagte nur: »Es muß so sein. Anders kann ich den Weg nicht finden. Damals sind wir doch auch bei Nacht gefahren.«

Am Morgen stand der Karren mitten in einer Schonung. Grüne Zweige streckten sich durch die hochgerollte Plane zu ihnen herein.

Pimmi fand das wunderschön und unterhielt sich singend und pfeifend mit den Vögeln draußen. Panelon lag unter einer kleinen Tanne und schlief.

Als Nauka ihm ein Bündel Stroh unter den Kopf schob und eine Decke über ihn legte, murmelte er schlaftrunken: »Kein Feuer anzünden, hörst du? Der Förster hat es verboten, damals. War ein guter Mann. Hat uns Milch und Brot und Speck für die Kinder gegeben.« Dann schlief er weiter.

Nauka und Pimmi pflückten Brombeeren in der Schonung und suchten Pilze im Wald. Nachmittags wachte Panelon wieder auf. Er setzte sich zu ihnen und begann, an einem knorrigen Aststück zu schnitzen.

»Was soll daraus werden?« fragte Pimmi.

»Warte!« sagte er und lachte vergnügt vor sich hin. Es schien, als werde er mit jeder Stunde heiterer.

Span um Span fiel unter dem flinken Messer. Bald sahen

sie, was Panelon schnitzte: einen Kopf mit breit lachendem Mund, spitzer Nase und schwarzer Borkenkappe!

»Ein Kasper!« rief Pimmi. »Ein Kirmes-Kasper!«

»Solche Köpfe habe ich für Terno geschnitzt«, erzählte Panelon. »Terno war krank. Gott hatte seinen Rücken schief gemacht und seine Beine zu schwach zum Laufen. Aber sein Herz war schön und gut wie ein gesunder junger Baum, und sein Geist war flink und feurig! Mit solchen Handpuppen hat er für die Kinder gespielt. Und Geschichten konnte er erzählen!« Panelon lachte stolz. »Ja, das war Terno, mein zweiter Sohn.«

Früh am Abend brachen sie wieder auf. Nauka mochte sich nicht zu Pimmi in den Wagen legen. Sie sah auf der Landkarte, daß sie nun nicht mehr weit von den roten Felsen sein konnten.

Einmal hielten sie in der Nacht bei einem Waldbrunnen an, und Panelon erzählte:

»An jenem Tage mußten wir frühzeitig rasten, weil überall auf den Straßen und Waldwegen Soldatenkolonnen unterwegs waren. Wir fanden keine Quelle bei unserem Lagerplatz. Die Frauen hatten kein Wasser für die Suppe, und die Pferde dursteten. Da machte Panelon, mein ältester Sohn, sich allein auf den Weg. Er war eine Nacht wie diese ohne Mondlicht. Aber Panelon verstand die Sprache der Wolken und Winde, der Wasser und aller lebenden Wesen. Er fand diese Quelle und führte uns hierher. Wir konnten die Tiere trinken lassen und unsere Kannen füllen. Wir fuhren weiter und fanden im Morgengrauen die roten Felsen. Dort wollten wir zum letzten Mal rasten.«

Er hatte leise gesprochen, ohne Erregung. Ringelblume trank in langen Zügen. Nauka legte beide Hände auf ihr Herz, als sie im Dunkeln weiterzogen. Jetzt würden sie bald am Ziel sein.

Ein feiner Dunstschleier bedeckte den Himmel. Doch Panelon führte sein Pferd so sicher durch die tiefe Dunkelheit, als sei er diesen Weg schon oft gegangen.

Als es Tag wurde, hielt er an. Der Karren stand nun auf einem freien, baumlosen Hügel. Links unter ihnen lag ein

Dorf, eine Birkenallee führte von dorther hügelan. Es mußte aber noch ein Gehöft in der Nähe sein, Nauka hörte einen Hahn krähen.

Panelon sagte: »Das ist bei Claude. Der Hof liegt dicht unter dem Hang, deshalb kannst du ihn nicht sehen. Die Straße führt daran vorbei.«

Zur Rechten, im Süden, wuchs nur niederes Gestrüpp am Abhang, Ginster und silbrige Salweiden. Unten im Tal zog träge ein kleiner Fluß.

»Auf der anderen Seite ist Frankreich«, sagte Panelon. »Das Wasser ist seicht. Wir kannten den Übergang von früher. Die anderen sind leicht hinübergekommen in jener Nacht.«

Er hob die Hand. »Nun muß ich allein weitergehen, Nauka.«

»Wann wirst du wiederkommen, Panelon?«

»Wenn ich mit ihnen gesprochen habe.« Und er wandte sich um und stieg den Hügel hinab. Nauka sah über den Büschen eine rote Felsspitze. Sie lief ein paar Schritte hinter Panelon her, sie wollte etwas rufen, brachte aber keinen Ton heraus. Zitternd kroch sie unter die Plane und schüttelte Pimmi.

»Wach auf! Wir sind bei den roten Felsen!«

»Das ist gut«, sagte Pimmi verschlafen und reckte sich. »Bald wird er wieder froh sein. Wir wollen ein Feuer anzünden und Tee für ihn kochen. Man muß ein Fest feiern.«

»O Pimmi, du weißt nicht . . .!«

»Ich weiß nichts. Aber ich habe Ohren, Nauka.«

»Was hast du gehört?«

»Der Hahn hat gekräht bei einem Mann, der Claude heißt. Vielleicht finden wir auch noch einen Hahn? Es ist hübsch, wenn man morgens so geweckt wird. Dschabri und ihre Schwesterchen würden sich bestimmt auch freuen.«

»Wovon redest du?«

»Von meinen Hühnern«, sagte Pimmi. »Und du mußt jetzt ins Dorf gehen. Nimm den Löffelkasten mit, auch die Deckchen, die wir noch von Mutter Savina haben. Dann mußt du einkaufen, Nauka: Brot und Fleisch und Bohnen für ein Festessen. Für Luludi mußt du eine Lakritzstange kaufen, ich habe die andere leider schon aufgegessen. Für Terno Papier und ein Schreibding, vielleicht möchte er seine schönen Geschichten gern aufschreiben wie Mateo seine Puppenspiele. Für Tamli kaufst du ein schönes Kopftuch und für Panelon ein Taschenmesser, wie das, was ich damals mitgenommen habe. Was sollen wir Parni geben? Ich weiß: Kauf ihr einen schönen Kamm und ein Stück Seife, das nach Rosen riecht! Und Salz. Salz muß Parni auch haben, damit sie für die Kinder kochen kann. Wirst du wohl soviel Geld bekommen für die Löffel und die Deckchen?«

»Aber, Pimmi . . . Du weißt nicht . . .«

»Ach ja! Du mußt auch Kerzen kaufen. Fünf schöne, weiße Kerzen. Sind Kerzen sehr teuer? Ich glaube, man darf sie auf keinen Fall mitnehmen, man muß sie unbedingt bezahlen.«

Da nahm Nauka die kleine Schwester fest in die Arme. Pimmi preßte ihr warmes Gesichtchen in Naukas Halsgrube und flüsterte:

»Man muß nicht immer wissen, Nauka. Man hört es mit den anderen Ohren, nicht wahr?«

»Ja«, sagte Nauka. »Ja, Pimmi.« Naukas Hals wurde naß.

»Jetzt geh«, flüsterte Pimmi und zog die Nase hoch. »Ich bleibe hier, damit Panelon nicht allein ist, wenn er zurückkommt. Ich will auch schon Holz suchen für ein Feuer. Beeil dich, Nauka!«

So wanderte Nauka mit dem Löffelkasten in ihrem Beutel zu Tal. Pimmi stand oben, ganz dicht an Ringelblumes warmem Bauch, und sie sah den bunten Rock zwischen den Bäumen. Gelb waren die Birken, fahl die Blätter, und graue Wolken zogen am Himmel. Immer weiter entfernt leuchtete der bunte Rock. Nun verdeckte ihn das Buschwerk am Straßenrand, nun tauchte er wieder auf. Jetzt war Nauka bei den ersten Häusern. Sie blieb stehen, sie redete mit einem Mann.

»Komm bald wieder!« flüsterte Pimmi und drängte sich noch näher an Ringelblume. Dann machte sie den Zügel an einem Strauch fest und lief dorthin, wo man die rote Felsspitze über den Büschen sah.

Sie kam zu einem Steinbruch. Hier war wohl schon lange nicht mehr gearbeitet worden. Falbe Gräser wehten über den hell- und dunkelroten Gesteinsbändern, dichtes Gebüsch überwucherte den Grund. Wie steil die Wände abfielen! Auf Händen und Knien kroch Pimmi am Felsenrand entlang und spähte in die Tiefe.

Dort stand Panelon. Er lehnte an einem verwitterten, roten Block. Den Hut hatte er neben sich gelegt, nun wehte sein Haar im Wind, sein graues, dünnes Haar, im grauen Morgenwind.

Pimmi zog sich langsam vorwärts bis zu einer Klippe über Panelons Kopf. Ihr schwindelte, sie mußte die Augen schließen. Mit zitternden Händen tastete sie nach der Rocktasche. Sie blinzelte und hatte Mühe, mit dem schrecklichen Schielen fertig zu werden. Alles drehte sich, alles schoß vor ihr auf und ab, hin und her! Drei Gegenstände stellte sie auf die äußerste Kante der steinernen Nase.

»Paßt gut auf, ihr drei!« flüsterte sie und kroch rückwärts in die Büsche. Sie lachte leise vor sich hin und richtete sich auf. Mit Hüpfschritten, Wechselschritten, lustigen kleinen Tanzschritten lief Pimmi zu Ringelblume zurück. Vor Erleichterung mußte sie ihr einen Kuß auf die samtene Nase geben.

»Du hast schon graue Haare, wie Panelon!« sagte sie und zupfte an den hellen Stoppeln neben Ringelblumes weichem Maul. »Aber wir brauchen uns keine Sorgen mehr zu machen. Die heilige Sara, der heilige Herr Luther und der heilige Buddha sind jetzt bei ihm. Ich habe sie mir bei Migra ausgeliehen. Sie wird schon nichts dagegen haben.«

»Bonjour!« rief der Mann am ersten Haus. »Ein schönes Zigeunermädchen! Das bringt Glück, so früh am Tag!«

»Guten Morgen!« sagte Nauka. »Brauchen Sie Löffel?«

Nein, Löffel brauchte er nicht, auch keine Spitzendeckchen. Aber er rief seine Frau: »He! Jeannette! Eine Zigeunerin! Laß dir wahrsagen!«

Eine zierliche, schwarzlockige Frau lief aus dem Haus.

»Vite-vite!« rief sie und streckte Nauka lachend die flache

Hand entgegen. Ein blankes Fünfzigpfennigstück lag darauf. Wie fröhlich sie waren!

»Die Sonne soll scheinen über deinem Haus!« sagte Nauka. »Aber wahrsagen kann ich nicht. Das tun nur die älteren Frauen.«

»Schade, aber das Geld sollst du trotzdem haben. Dein Wunsch war gut. Steck ein! Und zaubere uns noch ein bißchen Glück aufs Dach.«

»Zaubern kann ich auch nicht.«

»Es ist wahr«, sagte der Mann. »Wenn die Zigeuner wirklich zaubern könnten, wäre es ihnen damals nicht so übel ergangen, mon Dieu!«

»Wissen Sie etwas von – damals?« fragte Nauka. (Ach, wie oft sollte sie dieses schreckliche »damals« noch hören?)

»Nicht viel. Jeannette könnte dir mehr davon erzählen. Sie kommt aus dem Hof dort oben am Hügel.«

»Wo die roten Felsen sind?«

»Scheußliche Dinge sind dort geschehen.«

»Ich weiß. Deshalb sind wir hier«, sagte Nauka leise.

»Ihr solltet es vergessen«, meinte die junge Frau. »Warst du bei denen, die noch hinübergekommen sind? Du mußt damals ein ganz kleines Kind gewesen sein.«

»Ich bin mit einem Onkel gekommen. Seine Frau war dort bei den Felsen. Und dann . . . ich weiß nicht, was dort geschehen ist.«

»Lentement, Jeannette!« flüsterte der Mann. »Wenn sie es nicht weiß, wirst du es nicht sagen. Man kennt doch die Zigeuner. Gleich heißt es dann: Rache! Rache!«

Nauka schüttelte den Kopf. »Erzählt es mir. Ich muß es wissen.«

Leise fragte Jeannette: »Ob er es ist, Anton? Ich glaube, er hieß Paul?«

»Panelon«, sagte Nauka.

»Ja!« rief Jeannette. »Panelon!«

»Pst«, machte Anton. »Philippe!«

Er deutete mit dem Kopf auf einen Mann, der mit einem Ackerwagen vorüberfuhr.

»Bonjour, Anton! Bonjour, Jeannette! Habt ihr . . .« Dann

sah er Nauka und verstummte. »Ich wollte nur fragen, ob ihr schon angefangen habt mit dem Brennen«, rief er, lachte verlegen und ging eilig weiter.

Im Nachbarhaus flog eine Tür auf. Eine dicke Frau mit einer grell gemusterten Schürze lief dem Wagen ein paar Schritte nach:

»Eine Zigeunerin, Philippe! Hast du's gesehen? Eine Zigeunerin! Oder schaust du lieber weg?«

Philippe wurde blaß und hielt den Wagen an.

»Fängst du schon wieder an, Therese?« fragte er drohend.

»Ich fange nicht an, mon ami, ich habe noch gar nicht aufgehört!«

»Schandmaul!«

Jetzt öffneten sich plötzlich Türen und Fenster. Die Häuser standen hier dicht beieinander, Wand an Wand, schmal und hoch mit einem kleinen, abgeflachten Dach. Aufgeregte und neugierige Leute liefen zusammen. Alle redeten durcheinander, fuhren mit den Händen durch die Luft und ließen deutsche und französische Wörter durcheinandersprudeln. Nauka verstand nur die Hälfte, sie war lange nicht mehr in Frankreich gewesen.

»Es war seine eigene Schuld! C'est vrai!« rief jemand.

»Therese weiß auch, weshalb sie keine Ruhe gibt! Schlechtes Gewissen!« ein anderer.

»Hört auf!« rief eine große, hagere Frau mit zornblitzenden Augen. »Hört auf mit dem Gezänk und Geschwätz! Wie wär's, wenn jeder jetzt einmal nur das sagen würde, was er mit Sicherheit weiß? Ich zum Beispiel, ich weiß nur, daß damals, im Herbst 1943, drei Zigeunerwagen im Steinbruch standen. Und was weißt du, Therese?«

»Je, was soll ich wissen? Zwei Zigeuner kamen abends in meine Wirtschaft. Claude, Jules, Charles, Philippe und noch ein paar von unseren Männern saßen dort. Was die schwarzen Kerle wollten, war leicht zu merken. Sie redeten nicht lange drumherum und fragten nach der Furt im Fluß. Unsere Leute schwiegen dazu und taten, als hätten sie Sägemehl in den Ohren. Nur Claude stand auf und gab einem von den beiden einen Wink. Sie redeten im Hof miteinander. Darauf kam der Zigeuner zurück und wollte seinen Kumpan holen. Aber der hatte sich festgesetzt, trank und machte Späße und schickte den anderen fort. Er würde schon beizeiten nachkommen, sagte er. Will mir dafür jemand einen Vorwurf machen? Er zahlte bar, er gab sogar Runden aus für die anderen, und ich war eine arme Witwe. Sag selbst, Marie, was sollte ich tun?«

»Schon gut«, sagte die Hagere. »Wir wollen wissen, was geschah.«

»Also, der eine ging, der andere blieb und trank. Dann ging Philippe, und bald darauf brachen auch Jules und Charles auf. Die anderen sahen dem Schwarzen zu, wie er Köpfe aus Papier schnitt und ließen sich tolle Geschichten von ihm erzählen. Eine lustige Gesellschaft war das. Bis dann Charles plötzlich zurückkam, ganz aufgeregt –«

»Laß ihn selbst erzählen«, sagte Marie.

»Jawohl!« rief ein kleiner, schnauzbärtiger Mann und drängte sich vor. »Ich war noch ein Stück weit mit Jules zu seinem Hof hinaus gegangen. Plötzlich hielt neben uns ein Lastauto. Braune saßen darin, die wollten wissen, daß es in unserem Dorf Zigeuner gab. Woher sie das wußten, kann Philippe vielleicht nachher erzählen? Wir jedenfalls stellten uns dumm, und als der Wagen weiterfuhr, rannten wir los, Jules den Berg hinauf zu Claude und in den Steinbruch, ich auf dem Wiesenweg zu Therese. Da saß der Zigeuner noch und war so vergnügt, daß er mir einfach kein Wort glaubte. Und die andern? Die sagten: ›Wichtigtuer! Stör uns nicht!‹ Keiner hat mir geholfen, und Therese brachte immer neuen Schnaps. Eine halbe Stunde lang habe ich versucht, den Kerl auf die Beine zu bringen. Es wäre noch Zeit gewesen, das weiß ich von Jules und Claude. Das ganze Unglück hätte nicht geschehen müssen.«

»Laßt mich jetzt weitererzählen!« rief Jeannette. »Ich war noch ein Kind damals, aber ich weiß noch gut, wie Jules uns in der Nacht weckte. Mit Vater Claude rannte er zum Steinbruch. Dort standen die Wagen schon fahrbereit, aber sie wollten nicht fort, ehe der Mann aus dem Wirtshaus zurückkäme. Sie warteten, bis es fast zu spät war. Dann fuhren zwei von den Wagen an die Furt, Vater und Jules lenkten sie selbst. Der dritte blieb im Steinbruch, denn die Frau wollte unbedingt auf ihren Mann warten, und die Kinder klammerten sich an sie und mochten nicht mit den anderen vorausfahren. Bald waren die Braunen dort. Sie luden die Frau mit den Kindern auf das Lastauto und legten Feuer an den Wohnwagen. Mutter Annette stand an unserem Hoftor und sah den roten Schein. Dann kam das Auto zurück. Die Kerle johlten und lachten und waren stolz auf ihren Fang. Die Zigeunerin saß wie versteint. Als sie aber meine Mutter sah, sprang sie auf und rief ihr etwas zu. Gleich darauf flog ein zappelndes Bündel in den großen Weidenbusch an unserer Hauswiese. Mutter Annette lief hin und fand ein Kind, einen kleinen Jungen. Den trug sie ins Haus. Er weinte sehr, aber es war ihm nichts geschehen. Später, gegen Morgen, kam der Mann. Es war schrecklich, wie er im leeren Steinbruch schrie und schrie! Uns kam es vor, als hätte er ganz und gar den Verstand verloren. Meine Eltern nahmen auch ihn auf und versteckten ihn, auch ein Pferd, das noch im Steinbruch stand. Wie lange sie bei uns blieben, weiß ich nicht, jedenfalls waren sie eines Tages alle fort. Mir tat es leid, ich hatte schön mit dem kleinen Zigeunerjungen gespielt. Mateo hieß er, das weiß ich noch.«

»Deine Eltern sind gute Menschen, Jeannette«, sagte Marie.

»Aber es gab wohl auch andere bei uns, nicht wahr, Philippe?« rief jemand aus dem Kreis.

Philippe fuhr wütend auf.

»Immer ich! Immer ich! Überhaupt, – was soll das ganze Geschrei und Gerede? Wahrscheinlich hatten die Zigeuner es in den Lagern besser als in ihren verlausten Wagen! Außerdem hätte der Mann ja auch selbst auf seine Familie achtgeben können. Ich jedenfalls, ich hätte mich anders um Frau und Kinder gekümmert!«

»Ach, Philippe!« sagte Marie traurig und wandte ihm den Rücken zu. Wütend zerrte er seinen Gaul fort. Alle blickten ihm nach.

»Laßt ihn«, sagte Marie. »Es ist seine Sache, damit fertig zu werden. Und vergeßt nicht, daß wir alle geschlafen haben in jener langen Nacht, alle, außer Claude, Annette, Charles und Jules. Auch ich habe geschlafen.«

»Wo ist das Mädchen?« fragte Jeannette.

Nauka war durch Jeannettes Haustür geschlüpft. Sie hastete durch einen schmalen Gang in den Garten, lief quer durch saubere Gemüsebeete, kletterte über einen Zaun und rannte hinter den Gärten entlang zum anderen Dorfende. Dort erst wagte sie sich wieder auf die Straße. Wo war ein Laden? Schnell, da drüben! Schrill bimmelte das Türglöckchen. Eine alte Frau kam aus der dunklen Hinterstube. Stumm schüttete Nauka Panelons Löffel auf den Ladentisch, breitete Mutter Savinas Deckchen daneben aus und legte das Fünfzigpfennigstück von Jeannette auf den gläsernen Zahlteller.

»Das ist alles«, sagte sie. »Können Sie mir bitte Kerzen geben, fünf weiße Kerzen?«

»Hast du alles?« fragte Pimmi. Sie war Nauka entgegengelaufen und sprang nun vergnügt neben ihr her.

»Alles!« sagte Nauka.

»Dann wollen wir es ihnen bringen, jetzt sofort, Nauka!«

Sie ließen nur die Lebensmittel und die Kerzen beim Wagen zurück, dann liefen sie Hand in Hand zum Steinbruch. Dichtes Gestrüpp wucherte auch dort, wo früher die Einfahrt gewesen war. Endlich fanden sie einen Pfad, – aber der war verstellt, mit einem Motorrad! Waren Fremde gekommen? Sie flüsterten miteinander und berieten, was sie tun sollten. Sie horchten. Nur der Wind sang oben um den Fels, nur ein grauer Vogel strich tief über die Büsche.

Lautlos schlichen sie weiter. Pimmi ging voran und bog für Nauka die Zweige zurück. Plötzlich blieb sie stehen, legte den Finger auf den Mund und lachte mit breitem Mund.

Auf einem roten Steinblock saß Panelon, und der Mann, der den Arm um seine Schulter legte, war Mateo! Sie sprachen leise miteinander. Panelon sah friedlich und glücklich aus.

Pimmi dachte: »Wie der heilige Buddha!«, dann rannte sie mit einem Freudenschrei auf Mateo zu. Der fing sie auf und wirbelte sie durch die Luft.

»Du kommst mit Gott!« flüsterte Nauka.

»Ich finde dich mit Gott!« sagte Mateo und gab ihr die Hand. Dann sprachen sie nicht mehr.

Mit spitzen Steinen scharrten sie eine kleine Grube am Fuß der roten Felswand. Pimmi legte die Gaben hinein, das Salz, den Kamm und die Seife für Parni, das blitzende Taschenmesser für den jungen Panelon, Schreibheft und Bleistift und den hölzernen Kasper für Terno, ein buntes Kopftuch für Tamli und für Luludi eine dicke, lange Lakritzstange. Jeder warf eine Handvoll Erde und eine Münze dazu, und Mateo deckte Gras und Steine darüber.

Schweigend gingen sie zum Karren zurück. Panelon brach ein Brett von der Seitenwand und befestigte die fünf Kerzen darauf. Damit stiegen Nauka und Pimmi zum Fluß hinab. Es dämmerte schon, als sie die Kerzen anzündeten. Schaukelnd zogen die Lichter mit der Strömung davon. Die Kinder knieten am Ufer und sahen ihnen nach, bis sie hinter einer Biegung verschwanden. Aufatmend sprangen sie hoch und liefen den Hang hinauf. Panelon und Mateo standen dort oben und erwarteten sie. Die Kinder hatten getan, was sonst die Frauen der Sippe taten: Sie hatten die Seelen auf den Weg geschickt in das Reich des Friedens. Nun durfte niemand mehr traurig sein.

»Hunger!« rief Pimmi.

Das Feuer brannte schon. Nauka tat Bohnen und Fleisch in den Topf, wie es sich gehört für ein Gedächtnismahl, wie für ein Freudenfest. Nachdenklich stocherte Panelon in der Glut.

»Du warst im Dorf, Nauka?« fragte er leise.

»Ich war im Dorf, Panelon.«

»Nun kannst du mich nicht mehr liebhaben.«

»Die Lichter sind den Fluß hinabgezogen in das Land des Friedens«, sagte Nauka, und sie verneigte sich vor ihm, wie man sich demütig verneigt vor alten Leuten.

Mateo zog Pimmi beiseite. »Schau, was ich gefunden habe auf der Klippe!«

»Ach!« rief Pimmi und sah mit flehenden Schielaugen zu ihm auf.

»Tja«, sagte Mateo. »Migra hat auch Augen im Kopf, Pimmi! Sie meint, man müßte dir sagen, daß man seine Freunde nicht bestehlen darf.«

»Nur geliehen! Bestimmt!« flüsterte Pimmi.

»Was sprecht ihr von Migra?« rief Nauka vom Feuer herüber.

Mateo lachte und setzte sich zu ihr. Es gab eine lange, lustige Geschichte von Migra zu erzählen. Sie war nämlich vorgestern wie ein Feuersturm in die Polizeiwache von Otterau gefahren, hatte unter Tränen und Geschrei gestanden, daß niemand anders als sie und ihr Mann bei Gerlau zwei Rinder gestohlen hätten, ja vor zehn Tagen, ganz genau! Und es ließe ihrem Gewissen keine Ruhe, daß nun ihre besten Freunde und Verwandten unter falschem Verdacht im Gefängnis sitzen müßten. Man hatte das alles aufgeschrieben und gestempelt und Tino, Jerko und Mateo heute morgen freigelassen. Bubala mußte noch bleiben, weil er den Polizisten in Gerlau mit dem Messer bedroht hatte.

Inzwischen war Juan ins Gefängnis gewandert. Migra hatte die Männer am Gefängnistor erwartet und behauptet, ihren Juan würde sie morgen abholen. Sie konnte nämlich beweisen, daß er vor zehn Tagen weit fort von Gerlau gewesen war, drüben auf der anderen Rheinseite. Ihre Viehdiebe sollten die Polizisten woanders suchen, nicht bei den Zigeunern! So war also Mateo auf Juans Motorrad hierhergefahren. Tino und Jerko wollten zu den Frauen nach Blasberg und von dort aus mit den Wagen in die Stadt mit der roten Kirche kommen.

Bis man sie dort wieder aufgespürt hätte, würde der Viehdiebstahl hoffentlich aufgeklärt sein. Wenn nicht – nun ja, dann gingen sie eben noch eine Zeitlang ins Gefängnis.

»Migra ist wirklich sehr klug«, sagte Pimmi. »Ich werde ihr auch den heiligen Buddha bestimmt zurückgeben.«

Später gingen sie noch zu Claude und Annette. Die hatten schon durch Anton und Jeannette erfahren, daß Panelon gekommen war. Sie freuten sich, wie groß und stark Mateo nun vor ihnen stand, – drei Jahre alt war er damals gewesen und immer so still und schüchtern, der Kleine! Ach ja, ohne die Mutter! Aber immer brav und gehorsam, und solch ein hübsches Kind! Wäre Panelon nicht eines Tages heimlich mit ihm fortgegangen, ihretwegen hätte er immer bei ihnen bleiben sollen. Auch Panelon, natürlich.

»Aber ihr könnt es ja nicht lange an einem Fleck aushalten, ihr Landstreicher! Habt Feuer unterm Hintern!« lachte der alte Claude.

Sie saßen in der warmen Küche um den langen Tisch. Panelon mußte erzählen, wie es ihm mit dem Jungen ergangen war. So berichtete er jetzt zum ersten Mal von den langen, trostlosen Wanderjahren. Doch er lächelte dabei, und seine Hände lagen ruhig auf dem Tisch, wie die Hände des alten Bauern.

Durch Frankreich und Spanien zogen Panelon und Mateo damals mit einem Wanderzirkus. Ringelblume hatte schnell ein paar Kunststücke gelernt, und Mateo machte sich nützlich als Stalljunge und Kartenverkäufer. Sie hatten genug zu essen und verdienten so viel, daß sie sich bald den Karren kaufen konnten. Die Zirkusleute waren auch freundlich und teilten in schlechten Zeiten ihr letztes Brot mit ihnen.

Und doch waren sie einsam. Denn sooft sie Leuten ihres eigenen Volkes begegneten, erfuhren sie, was es heißt, geächtet zu sein: Man wandte ihnen den Rücken zu, man rief die Kinder zurück, mit denen Mateo spielen wollte. Der Ball, den der Kleine einmal aufgehoben hatte, wurde ins Feuer geworfen. Keine Hand hätte ihnen ein Stück Brot gereicht oder einen Schluck Wasser oder eine Kohle von der Glut des Lagerfeuers. Sie waren tot für die Leute ihres Volkes, schlimmer noch, sie waren wie Tote, deren niemand gedenken mag. Bis Mara ihren Bruder und Mateo zu ihrer Sippe nahm.

»Aber gerecht war es so«, sagte Panelon. Nun wurden seine Hände doch unruhig und strichen über das glatte Holz. »Durch meine Schuld mußten Parni und meine Kinder verloren sein. Sollte ich nicht ihren Tod teilen? Ich wollte es vergessen, aber Parnis Mula ließ mir keine Ruhe, bis ich hierher zurückkehrte. Heute morgen habe ich mit ihr und den Kindern gesprochen. Jetzt werden sie im Land des Friedens bleiben.«

»Alles ist wieder gut«, sagte die alte Annette und legte ihre Hand über Panelons Hand.

Roten Wein brachte Claude und goß ihn in funkelnde Gläser, weil alles wieder gut war.

»Ich habe drei Hühnchen«, sagte Pimmi und blickte Annette an. »Wenn ich einen Hahn hätte, würde ich ihn Claude nennen! Aber er soll nicht so alt sein, bitte. Wir haben nicht soviel Platz im Korb.«

Es war wirklich gut, daß Annette eine eigensinnige Henne hatte, die immer noch einmal im Herbst auf heimlichem Platz in der Scheune brütete. Als sie zum Wagen zurückgingen, hockte Claude, das Hähnchen, in Panelons Hut und sträubte seinen winzigen Kamm.

»Siehst du!« sagte Pimmi zu Nauka. »Ich habe es schon heute morgen gewußt!«

Der Schlüssel zum Glück

Mara und ihre Töchter

Sie brauchten viel Zeit für den Rückweg, weil Ringelblume kaum noch mehr als drei oder vier Dörfer weit laufen konnte an einem Tag.

Immer noch kam manchmal eine plötzliche Traurigkeit über Panelon. Dann stand er auf und ging fort von den anderen. Aber in seinem Kopf gab es nun keine Umwege mehr und keine Nebel.

Bald waren die Lebensmittel aufgezehrt, die Annette ihnen mitgegeben hatte. Es gab nur noch ein paar Krümel Tee in Panelons Dose und keinen Löffel mehr im Kasten, kein Deckchen mehr in Naukas Beutel.

»Nauka mag uns etwas zu essen besorgen, das ist Frauensache«, sagte Panelon. Er meinte, sie sollte betteln gehen. »Nimm Pimmi mit, sie ist geschickter als du, und Kindern geben die Leute gern etwas.«

O Pimmi fand Betteln herrlich! War es nicht spannend, daß man niemals wußte, was die Leute einem geben würden? Die einen schlugen einem die Tür vor der Nase zu, – die anderen hatten sie schon vorher abgeschlossen. Man konnte über sie lachen, wenn sie heimlich drinnen wisperten und warteten, daß man endlich weiterginge. Die einen stellten einem den Teller mit Suppe auf die Haustreppe, die anderen ließen einen in der Küche am Tisch sitzen. Die einen gaben widerwillig einen Kupferpfennig, die anderen wunderbare Dinge, an die man vorher gar nicht gedacht hatte: alte Kleider, zerbeultes Spielzeug, Brot, Äpfel, Pfannkuchen, Speck und Eier! Hinter jeder Tür wohnten andere Menschen, immer geschah etwas Neues, und am Ende konnte man stolz oft einen Sack voll guter Dinge zum Wagen schleppen. Betteln war ein Spiel voller Überraschungen, fand Pimmi.

Nauka dachte ganz anders darüber. Sie fand es abscheulich. »Ich mag nicht!« sagte sie.

Mateo stopfte sich seine Pfeife mit gedörrten Brombeerblättern. Er blickte sie aufmerksam an.

»Wenn ich meine Puppen hätte . . .«, sagte er. »Aber die habe ich bei Migra im Wagen gelassen.«

Panelon runzelte die Stirn: »Soll Mateo betteln gehen? Oder ich? Willst du, daß ein Mann das tut? Das hat es bei uns noch nie gegeben.«

»Ich friere! Die Leute werden mir eine Jacke oder einen Mantel schenken, bestimmt!« sagte Pimmi. »Wenn ich nicht sofort etwas Warmes anzuziehen bekomme, werde ich morgen krank.«

Nauka fror auch in ihrer dünnen Bluse. Gewiß, Pimmi hatte recht. Jeden Tag konnte es Regen geben, der Himmel war schon seit Tagen trüb.

Mateo sagte: »Es ist Herbst, und wir sind arm. Du brauchst nicht zu lügen, wenn du bettelst, Nauka.« Und wieder blickte er sie aufmerksam an.

»Will sehen«, sagte Nauka kurz und holte ihren Beutel aus dem Wagen. Sara war darin. Bis jetzt hatte Nauka noch nicht mit Mateo über die Puppe gesprochen, sie ihm noch nicht gezeigt. Weshalb? Ganz genau wußte sie das selbst nicht. Sara war ein Zeichen gewesen, eine geheime Botschaft. Jetzt fuhr Mateo mit ihnen, jetzt saß er bei ihnen am Feuer, jetzt schlief er nachts unter einer Zeltplane dicht neben dem Wagen, und wenn Nauka aufwachte, konnte sie manchmal seine Atemzüge hören. Brauchte sie dann jetzt noch das Zeichen, das Sara für sie bedeutete? Ach, sie brauchte es mehr als je. Denn Mateo, der Ferne, hatte ihr die Puppe im Gerlauer Steinbruch zurückgelassen. Aber Mateo gab ihr keine Botschaft. Ruhig und freundlich war er mit ihr, nicht anders als mit seinem Vater und Pimmi.

»Nimm das Kätzchen mit!« sagte sie zu Pimmi.

»Macki schläft. Ich mag sie nicht stören.«

»Nimm sie mit. Vielleicht bekommen wir Milch für sie.«

Das sah Pimmi ein.

Stumm wanderte Nauka mit ihr auf gewundenem Feldweg zum Dorf. Heute abend wollte sie Mateo die Puppe zurückgeben. Was würde er sagen? – So, ja, sieh an, die hatte ich im Steinbruch dort vergessen, vielen Dank? Oder würde er sagen: – Behalt sie, Nauka. Sie war doch ein geheimes

Zeichen für dich! Alle meine Puppen sollen dir gehören, wenn du meine Frau bist –? So oder so könnte er sprechen. Nein, sie wollte ihm die Puppe nicht zurückgeben, heute abend noch nicht. Er selbst sollte danach fragen. War es nicht seine Sache, die geheime Botschaft deutlich auszusprechen? Und solange er das nicht tat, sollte Sara bei ihr bleiben, sollte Sara das Pfand sein für alle seine Puppen, die einmal ihr gehören würden ...

Aber betteln wollte sie nicht.

An einer Straßenkreuzung im Dorf spielten Kinder. Dort packte Nauka die Puppe aus.

»Ach«, sagte Pimmi enttäuscht. »Du willst gar nicht betteln?«

»Nein. Und du wirst Mateo kein Wort von Sara sagen, hörst du?«

Pimmi nickte gehorsam. Sie verstand das so: Nauka wollte Sara gern behalten. Aber eigentlich durfte man doch seinen Freunden nichts wegnehmen? Den hübschen heiligen Buddha zum Beispiel möchte sie auch lieber nicht zurückgeben. Diesmal blickte Pimmi aufmerksam zu Nauka hinüber.

Schon hatte sich ein großer Kinderkreis um sie gesammelt. Neugierige, Erwartungsvolle, auch solche, die hinter dem Rücken der anderen halblaute Hänseleien riefen. Nun kamen noch Erwachsene dazu, Frauen lagen in den Fenstern.

Nauka ließ die Puppe ein paar Schritte auf und ab laufen. Gleich wurde es still im Kreis. Macki saß noch vor Pimmis Füßen, stellte die Ohren hoch und folgte dem Spielding mit wachen Augen.

Sara begann zu tanzen. Aber niemand rief wie sonst ein beifälliges Wort. Hölzern und steif, abgezirkelt, in starrem Takt klapperte die Puppe vor Naukas Füßen. Ihre gemalten Augen blickten dumm und stumpf. Ein totes Ding mit knarrenden Gelenken, eine lächerliche Maschine aus Holz, Draht und Stoff war Sara.

»Weshalb singst du nicht?« flüsterte Pimmi. »Sing doch, Nauka!«

»Langweilig!« sagten die Leute.

Macki gähnte, reckte die Vorderpfoten lang und kniff die Augen zu schläfrigen Schlitzen.

Nun verwirrten sich auch noch die Drähte in Naukas Hand!

Saras Kopf drehte sich halb nach hinten, verkrampft schlugen die Arme vor und zurück, das linke Bein kugelte sich im Kniegelenk aus und blieb seitwärts abgewinkelt stehen.

Bald gab es schadenfrohes Gelächter ringsum:

»Sie kann nichts!«

»Eine schlechte Puppe ist das, ich habe schon viel bessere gesehen!«

»Will sich großtun mit dem Ding und versteht nichts davon, die Schwarze!«

Der Kreis löste sich auf.

»Nauka!« flehte Pimmi. »Wie soll sie tanzen, wenn du nicht singst?«

Nauka stopfte Sara verrenkt, wie sie war, in den Beutel und ging mit stolz erhobenem Kopf davon.

Pimmi sah ihr nach, und ihre Augen fuhren noch schneller als ihre Gedanken unter der krausen Stirn hin und her. Was war mit Nauka geschehen?

»Die schielt prima!« sagte ein Junge.

»Ja!« stöhnte Pimmi. »Ich schiele immer so, wenn ich Hunger habe. Meine Augen werden dann ganz schwach!«

Sie setzte sich auf die Erde, nahm Macki in den Schoß und machte ihr Jammergesicht.

Ein Mann gab ihr einen Groschen.

»Gott soll dich segnen!« sagte Pimmi. »Und wenn du einmal ganz arm wirst, soll jemand dir hundert Groschen schenken!«

Aus einem Fenster wurde ein Stück Brot gereicht.

»Ich wünsche der guten Frau, daß sie niemals Bauchweh bekommt, auch wenn sie ein ganzes frisches, warmes Brot auf einmal aufißt!«

Jetzt machte es den Kindern Spaß, immer mehr Gaben vor Pimmi auszubreiten, und Pimmi bezahlte für alles mit einem besonderen Segensspruch. Sie bekam Speck und wünschte den guten Leuten zwanzig Ferkel für ihr Schwein. Ein Junge brachte ihr einen Kohlkopf. Pimmi wünschte ihm, er solle nie eine Glatze bekommen, weil doch seine Ohren so rot und abstehend aussahen. Für eine Flasche Milch wünschte sie, daß die Kuh nicht krank werden möchte, falls ihr nächstens eine Nadel unter das Futter geriete, und als ein kleines Mädchen ihr eine Tüte mit Zwiebeln gab, sagte sie:

»Dich sollen die Kinder in der Schule niemals auslachen, damit du nicht weinen mußt.«

Sie bekam auch ein Jäckchen aus feuerroter Wolle und rief begeistert:

»Wenn du mir jetzt noch eine Jacke für meine große Schwester gibst, wünsche ich dir auch eine rote Jacke, liebe Frau!«

Ein großer Junge wollte sie foppen und legte feierlich einen krummen Nagel vor ihr nieder.

»Gib nur acht, daß du dir keinen Nagel in den Fuß trittst!« sagte Pimmi ärgerlich. Und da, – wie kam es nur? Die anderen Kinder hatten den Frechen wohl wegschieben wollen, oder verlor er bei seiner übertriebenen Verbeugung das Gleichgewicht? Jedenfalls stolperte er und trat auf den Nagel!

»Hach!« riefen die anderen. »Wenn du jetzt keine Schuhe angehabt hättest! Sie kann hexen! Alles, was sie wünscht, geht in Erfüllung!«

Pimmi war selbst erschrocken über diesen Erfolg. Eilig raffte sie alles in ihren Rock, setzte Macki obenauf und rannte fort.

Unterwegs überlegte sie, was sie jetzt wohl angerichtet haben mochte. Der Mann würde doch nicht wirklich arm werden? Und die Kuh nicht tatsächlich eine Nadel verschlucken? Gut, daß sie dem Jungen ausdrücklich keine Glatze gewünscht hatte und der Frau kein Bauchweh. Alle anderen Wünsche waren wohl ungefährlich. Über zwanzig Ferkel und eine rote Jacke konnte man sich nur freuen, und das kleine Mädchen sollte ihr dankbar sein, weil sie jetzt niemals ausgelacht werden würde!

Nauka saß vor dem Dorf auf einem Schotterhaufen und fror. Mit großen Augen betrachtete sie Pimmis Ernte.

»Ich glaube, ich habe gehext, Nauka«, sagte Pimmi. »Ich wollte gar nicht, es kam einfach von selbst. Du hast recht, man muß sehr vorsichtig sein mit dem Wünschen.«

Nauka lachte, als sie ihr alles erzählt hatte. Aber Pimmi blieb nachdenklich. Sie wollte wirklich keine Hexe sein, auf keinen Fall. War es möglich, daß man eine Hexe werden mußte, ob man wollte oder nicht?

»Wenn es so ist, will ich eine gute Hexe werden und nie mehr irgend etwas Gefährliches wünschen«, sagte sie. »Weshalb soll es nicht auch gute Hexen geben?«

Nauka hatte ihr nicht mehr zugehört. Dort war schon der Waldrand, an dem der Wagen stand. Mateo winkte ihnen zu.

»Wir sagen, wir hätten sehr gebettelt. Sie sollen nicht wissen, daß ich eine Hexe bin!« flüsterte Pimmi und zwinkerte Nauka zu.

»Und du sagst kein Wort von Sara!« flüsterte Nauka.

Panelon und Mateo freuten sich über die vielen Vorräte. Nauka konnte aber Mateo nicht anblicken, und deshalb sah sie das helle Lächeln in seinen Augen nicht.

Es wurde dunstig und von Tag zu Tag kühler. Sie fuhren jetzt durch flacheres Land, und Ringelblume brauchte sich nicht mehr so anzustrengen. Überall auf den Hügeln gab es Weingärten. Die letzten, süßesten Trauben wurden jetzt geerntet. Pimmi verstand es gut, sich so sichtbar am Wegrand aufzustellen, daß sie manche Traube geschenkt bekam. Doch nicht eine einzige von den köstlichen, gelbbraunen, bereiften Beeren pflückte sie davon ab, ehe sie nicht alles mit den anderen geteilt hatte.

Mateo machte kleine Rundfahrten durch die Dörfer, um dieses Land kennenzulernen. Meistens aber saß er in den langen Raststunden am Feuer, eine Zeltplane über den Schultern und das Schreibheft auf den Knien. Er wollte ein neues Stück für sein Puppentheater schreiben. Nauka sorgte für Feuerholz und kochte die Mahlzeiten.

Zu betteln brauchten sie jetzt nicht mehr, ihre Vorräte

waren groß genug. Sie fanden auch noch Fallobst an den Straßenrändern und manche vergessene Kartoffel in den abgeernteten Äckern. Nauka flickte sogar ihren Unterrock, – mit grauer Stopfwolle, weil nichts anderes in Panelons Karren zu finden war. Solange sie etwas zu tun hatte, brauchte sie Mateo nicht anzusehen. Sah er sie etwa an? O nein, er schrieb, er schaute in die Ferne, er stocherte im Feuer.

Pimmi verbrachte jetzt viele Stunden mit den Hühnchen. Es war keine leichte Arbeit, sie zu hüten, immer verirrte sich irgendeins von den Kleinen im Gesträuch. Claude war besonders schwierig, er hackte nach Dschabri, fraß den Küken das Futter weg und krähte dann schrill und empört, wenn Pimmi ihm zur Strafe einen Klaps gab. Er war etwas jünger als Dschabri, aber wenn sie miteinander kämpften, blieb er immer Sieger. Man konnte ihn auch nicht zu den anderen Hühnchen in den Korb setzen, das hätte ein Unglück gegeben. Deshalb schlief er noch jede Nacht in Panelons Hut. Der Alte drohte zwar, er wollte ihm den Hals umdrehen, – aber dann hielt er ihn bei den Mahlzeiten auf dem Schoß und ließ ihn an seinem Brot picken. Den Hut allerdings mußte er jetzt tagsüber umgestülpt aufsetzen, weil Claude noch nicht nestrein war. Allmählich sah der Filz recht merkwürdig grau-weiß-grün gemustert aus.

»Bringt Glück, – bringt Geld!« sagte Panelon dazu. »Aber trotzdem werde ich ihn noch eines Tages im Suppentopf sehen!«

Pimmi hatte ganz andere Pläne mit Claude und seiner Familie: Alle vier sollten dressiert werden! Eine Hühnernummer für Tante Jerikas Zirkus! Hatte es so etwas schon gegeben?

Sie prahlte: »Das wird eine ganz große At . . . Atta . . .«

»Attraktion!« sagte Nauka. »Aber Hühner sind zu dumm. Man kann sie nicht erziehen.«

»Meine Hühner? Dschabri fliegt mir schon auf die Schulter! Und Dschabris erste Schwester guckt ihr ganz genau dabei zu, weil sie es auch lernen will. Dschabris zweite Schwester ist noch ein bißchen zart. Aber sie wird sich entwickeln!«

»Großartig hast du das gesagt!« murmelte Mateo. »Sie wird sich entwickeln!« Er lachte leise vor sich hin und schrieb weiter.

Dann tauchten eines Tages endlich die roten Türme am Horizont auf. Sie hielten den Wagen an, schauten und lachten.

»Ob sie wirklich alle dort sind, Mutter, Vater, Branko, Mara-Mami und die andern?« flüsterte Pimmi.

Mateo fuhr mit dem Motorrad voraus, damit man im Lager das große Wiedersehensfest schon vorbereiten könnte.

Kurz vor den ersten Häusern brauste plötzlich ein klapperndes, zartviolettes Auto um die Kurve und hielt mit kreischenden Bremsen neben dem Karren. Kaum stand es richtig, arbeitete sich schon Tante Ninja aus dem Sitz. Ein Kissen purzelte hinterdrein, prall gestopft und mit Streuröschen gemustert, – wie die ganze Tante Ninja. Alles an ihr strahlte vor Freude, Gesundheit und Sauberkeit: ihr glänzendes, braunes Gesicht, ihr Blümchenkleid, ihr straff geknotetes schwarzes Haar. Pimmi stürzte sich in ihre Arme, in Tante Ninjas weiche, warme Fülle, in diesen Lebkuchenduft nach Mandeln und Zimt, Koriander und Vanille, diesen Hauch von Veilchenparfum und Kernseife!

»Seid ihr alle da, alle?« fragte Pimmi und schluchzte vor Glück.

»Alle! Mein Täubchen, mein Vögelchen, mein schwarzes Hühnchen! Alle!« rief Tante Ninja und preßte sie an sich. Blanke Tränen liefen in kleinen Sturzbächen über ihre runden Wangen. Sie streckte die Hand aus und zog auch Nauka in die Umarmung. »Wir braten und backen und kochen für euch! Weiße Brote und Wein holen die Männer aus der Stadt! Und ein langes Begrüßungsgedicht macht Jerko, mein Guter, für euch! Aber hier, wartet, ihr müßt doch hungrig sein ...«

Sie lief zum Auto zurück und drückte Panelon eine Schuhschachtel voll Lebkuchen in den Arm.

»Eßt, eßt! Es sind unsere besten! Ach, wie wir uns alle freuen! – Nein, kommt doch! Steigt ein, Kinder, fahrt mit mir! Panelon kommt nach mit dem Wagen!«

Pimmi lief schon, warf sich strahlend in den Sitz und drückte übermütig auf die Hupe. Da sah sie Nauka noch zögernd neben Panelon stehen. »Nein!« sagte sie laut zu sich selbst und kletterte auf die Straße zurück.

»Nein!« sagte auch Nauka. »Wir sind mit Panelon gefahren, Tante Ninja. Mit ihm wollen wir auch zurückfahren.«

Tante Ninja wollte das nicht einsehen. Wenigstens Pimmi könnte doch mit ihr vorausfahren! Es gab ein langes Hin und Herr, – und inzwischen stauten sich links und rechts die Autos, denen der Karren und Tante Ninjas zartgefärbtes Fahrzeug den Weg versperrten. Die vier dort mitten auf dem Fahrdamm überschrien einfach das Hupkonzert. Aber jetzt kamen gleich von beiden Seiten zwei wütende Männer. Nauka schob Tante Ninja hinter ihr Lenkrad, stopfte das Blümchenkleid nach und schlug die Tür zu. Knatternd und puffend fuhr Ninjas Auto an, wendete kühn auf der Straße, holperte einige Meter gefährlich schräg durch den Graben und brauste davon. Denn Autofahren machte Tante Ninja ebensoviel Spaß wie blumengemusterte Dinge und Lebkuchenherzen mit gefühlvollen Sprüchen. Jetzt winkte nur noch ein brauner Arm hinter einer Wolke von blauem Auspuffgas, – fort war sie. Nur das Kissen mit den Streurosen lag noch am Straßenrand. Pimmi nahm es in die Arme und tanzte damit im Kreis herum. Nauka nahm es ihr ab, lachte und legte es auf den Kutschbock. So fuhr Panelon nun auf Rosen thronend in die Stadt ein!

Der Himmel hatte sich aufgehellt, und mitten in einem goldenroten Sonnenuntergang fuhren sie auf die Barackenstadt zu. Alle liefen ihnen entgegen: Mutter Savina voran, lachend und weinend, hinter ihr Vater Tino, der wirbelte den Geigenbogen über dem Kopf, neben ihm Branko mit seiner kleinen Gitarre, dann Tante Jerika mit Nuna, Hotolo, Pepe, Frisko auf schwirrenden Fahrrädern! Im Laufschritt kam Tutta, vorwärts gezerrt von den kläffenden, japsenden Pinschern Mimi, Fiffi, Feline und Pepine und dem seidenschwarzen Spaniel Joko! Migra und Juan liefen herbei mit ihren Söhnen, dem jungen Juan und Arniko. Sie schlugen Purzelbäume und liefen auf den Händen.

Auch Mateo kam, den Arm voller Puppen mit bunten Kleidern und goldenen Kronen, vom Feuerplatz her winkte Tante Ninja mit einem riesigen Kochlöffel, – und auf der Treppe vor dem großen grünen Wagen saß Mara, die Mami, die Gute, und lachte ihnen entgegen!

Ringelblume nahm noch einmal alle Kraft zusammen. Sie tänzelte mit zurückgeworfenem Kopf und zierlich gesetzten Hufen an den staunenden Leuten aus den Baracken vorüber. Dieser gellende Lärm, diese vielen bunten Menschen, wie sie das liebte!

Dann stand der Wagen im großen offenen Viereck bei den andern.

Panelon stieg langsam vom Kutschbock, warf den Hut unter die Plane und ging zu Mara.

»Bruder!« sagte die alte Frau und stand auf.

»Schwester!« sagte Panelon. Still setzte er sich neben sie, nahm ein Messer aus dem Eimer und half ihr beim Kartoffelschälen. Sie brauchten sich nicht mehr zu sagen.

Nun kam Nauka, verneigte sich vor der alten Frau und küßte ihre Hände. Pimmi kam, schob den Schalenkorb zu Panelon hinüber und kletterte auf Maras Schoß, für zwei Minuten nur auf diesen Platz voller Zuflucht, voller Trost, voller Ausruhen.

Für zwei Minuten nur, dann mußte sie weiter: mit Nauka den grünen Wagen durchstöbern, alles wiederfinden, den Klapptisch, den Wandschrank, die Betten, die Schlafbretter mit dem hochgetürmten, rotkarierten Federzeug! Und sie steckten ihre Gesichter hinein, lachend und prustend, bis sie keine Luft mehr bekamen, und Nauka hob Pimmi hoch, damit sie die Sarastatue und das Marienbild hinter dem roten Lämpchen streicheln konnte.

»Zu Migra muß ich auch noch ...« flüsterte Pimmi. (Damit ihre eigenen Heiligen es wüßten und ihr hilfreich sein könnten!)

Gleich waren sie wieder draußen, bei Savina am Feuer. Die rührte mit Ninja im großen Kupferkessel, das Gesicht rot vor Hitze und Freude. Wie gut es war, sie wiederzusehen, wieder bei ihr zu sein, bei der schönen, stolzen, starken

Mutter Savina! Pimmi mußte sie schnell noch einmal umarmen. Nauka streichelte ihre Hand und sah sie an.

»Meine Töchter!« sagte Savina. »Meine Töchter!« Und ihre Stimme klang tief und voll in Stolz und Liebe.

Aber es gab noch viel mehr zu begrüßen! Da war Jerikas Lastwagen mit der grellroten Aufschrift: »Zirkus Dinelo«, was in der Zigeunersprache soviel bedeutet wie »Zirkus Verrückt«, aber das wußten die Gadsche ja nicht, und es klang gut, und Jerika hatte ihren Spaß daran. Die Plane war weit hochgerollt, und das ganze herrliche Durcheinander von Kochtöpfen, Federbetten, Kleidern, Hundekörben und dem bunten Zirkuskram lag offen unter der Sonne.

Weiter! Dort stand Tante Ninjas weißer, schneeweißer Anhänger, das Prunkstück der Sippe. Pimmi riß die Tür auf und blieb dann still auf der Schwelle stehen. Alles war hübsch und geblümt hier, frisch gewaschen, frisch gestärkt und frisch gebügelt: die Gardinchen vor dem Fenster, die Krausen am Topfschrank, die Stuhlkissen und die Schondeckchen auf dem roten Plüschsofa. Alles war blitzblank: der winzige Herd, das silberglänzende Ofenrohr, der kleine Ausguß. Strahlend poliert war die Tischplatte (und natürlich stand ein Papierblumenstrauß in der Mitte darauf), blank gebohnert war der Fußboden mit dem blumengemusterten Belag. Ah, dieser Duft nach Wachs und Seife, Lebkuchen und Bohnenkaffee!

Auch die Federbetten hatten einen Rosenmusterbezug. Und daraus hob sich nun ein verschlafen blinzelndes Mannsgesicht, – Onkel Jerko! Den hatten sie ja noch gar nicht begrüßt! Er rieb sich die Augen, sah die Kinder an der Tür stehen und war mit einem einzigen schwungvollen Satz auf den Beinen.

»Heimgekehrt!« rief er, breitete die Arme aus und schmetterte:

»O großes Glück, wenn einer sich verirrt
im tiefen Wald, wo nur das Vöglein schwirrt,
wo nur die Wildsau grunzt, –«

Tante Ninja schob Pimmi beiseite und erschien auf der Schwelle, den großen Rührlöffel drohend erhoben:

»Jerko! Doch nicht jetzt! Du verdirbst alles!«

»Ich dachte . . .« fing Jerko an und zwirbelte verlegen seinen Schnurrbart.

»Du sollst nicht denken, Herzensmann, sondern ein Gedicht machen«, sagte Tante Ninja sanft.

»Das ist es ja!« rief er verzweifelt. »Wenn ich vorher daran denke, geht es nicht! Ich bin doch Schnelldichter!«

»Aber du solltest jetzt ein richtiges Gedicht machen, eine Poesie!« sagte Tante Ninja. »Richtige Poesie ist immer vorher fertig, man braucht sie nur noch aufzusagen. Das weiß ich von Mateo und Nauka, die sind schon zur Schule gegangen. Stimmt es nicht, Kind?«

»Vorher fertig! Wenn ich so etwas nur höre!« rief Onkel Jerko. »Bin ich ein Schnelldichter oder nicht? Rast nicht die Menge zu meinen Füßen in jäher Begeisterung, wenn ich auf dem Podium stehe – so – hochaufgereckt, den Blick in die Wolken gerichtet, und es kommt über mich? Ein ausgedachtes Gedicht! Lächerlich! Ein aus–ge–dach–tes! Schändlich!«

Dabei zupfte er hinter seinem Rücken eifrig an dem zerwühlten Bettzeug.

»Jerko! Du wirst doch nicht geschlafen haben?« fragte Tante Ninja.

»Eh – nur ein Nickerchen, meine Liebe, nicht wahr? Poesie ist eben sehr, sehr anstrengend. Es kam so über mich, – ich meine, der Schlaf.«

Seufzend kehrte Tante Ninja zum Fenster zurück. Nauka ging mit ihr. Sie hatte nun alles gesehen und wollte bei der Mutter bleiben. Auch draußen im Freien wollte sie sein, weil doch irgendwo Mateo mit seinen Puppen sitzen mußte.

Ja, dort saß Mateo, hoch oben am Bahndamm. Und neben ihm kniete Tereina und sah ihm zu, wie er eine Puppe nach der anderen aufnahm und ein paar Schritte durchs Gras laufen ließ. Sie lachte ihr mühsames, kollerndes Lachen, klatschte in die Hände und blickte strahlend in Mateos Gesicht. Der lächelte auch. Nun ja, ihm machte es wohl Spaß, dem Mädchen seine Puppen zu zeigen. Und bestimmt war das freundlich von ihm, aber Nauka wäre es lieber gewesen, Mateo hätte allein dort oben gesessen. Tereina war sehr schön, mit ihren großen schwarzen Augen, ihrem ruhevollen, schmalen Gesicht, ihren beweglichen Händen. Tereina war auch älter als Nauka.

Inzwischen hatte Pimmi sich vorsichtig dem zweiten Feuer genähert. Migra stand dort und wendete mit einer langen, zweizinkigen Gabel große Fleischbrocken und lange Bratwürste in einer riesigen Pfanne. Es brotzelte und dampfte und roch sehr verlockend. Trotzdem blieb Pimmi in einiger Entfernung stehen. Sie hustete. Dreimal hustete sie, bis Migra endlich aufblickte.

»Der Rauch . . .«, sagte Pimmi.

»Wo Feuer ist, gibt es Rauch.«

»Ja.«

»So ist es.«

»Hm.«

»Du hast eine weite Reise gemacht.«

»O ja! Alle freuen sich sehr, weil wir zurückgekommen sind.«

»Das will ich meinen! Ich freue mich auch, ich freue mich sogar ganz besonders!«

»Wirklich, Migra?«

»Wirklich, Pimmi. Denn bestimmt hast du mir etwas Schönes mitgebracht. Wie wär's, wenn du das endlich auspacktest?«

»Gern, Migra! Hier!«

Pimmi machte einen kleinen Bogen um Migra und setzte die heilige Sara, den heiligen Herrn Luther und den heiligen freundlichen Buddha auf der Wagentreppe ab. Sie seufzte erleichtert dabei. Aber Migra warf nur einen Blick über die Schulter und rief enttäuscht:

»Das ist alles? Ich denke, das gehört mir doch längst?«

Pimmi antwortete ihr nicht. Verstört blickte sie sich um. Kam ihr denn niemand zu Hilfe? Ah, – dort lief Tutta mit den Hunden. Die winkte sie mit beiden Armen herbei.

»Ach nein«, sagte Migra. »Ich glaube, wir unterhalten

uns lieber allein und in aller Ruhe. Komm hinter den Wagen!«

»Dein Fleisch brennt an!«

»Es geht ganz schnell, Pimmi. Das Fleisch wird schon nicht anbrennen.«

»Aber die Gabel könntest du hierlassen«! sagte Pimmi, denn allein mit Migra hinter den Wagen zu gehen, wenn die eine so fürchterliche Waffe schwenkte, das kam ihr zu schrecklich vor.

»Meinetwegen.«

Pimmi verschränkte beide Hände hinter dem Rücken und stolperte hinter Migra her. Tutta sah es, pfiff durch die Zähne und jagte weiter mit den Hunden.

Zwischen Wagen und Bahndamm war nur noch ein schmaler Raum frei. Pimmi mußte sehr dicht vor Migra stehen. Immerhin, die Gabel war in der Pfanne geblieben.

»Es ist so eng hier!« sagte Pimmi und schnaufte vor Aufregung.

»Ganz recht!« sagte Migra. »Und niemand sieht und hört uns. Diese Sache geht doch nur uns beide etwas an. Oder meinst du, Mara oder Savina sollten etwas davon hören?«

»Lieber nicht. Ich werde auch nur ganz leise schreien. Fang an!«

»Immer langsam, eins nach dem andern.«

»Wenn du mich schon verhauen willst, dann tu's doch! Dann tu's doch endlich!« schrie Pimmi.

»Pst! – Verhauen, sagst du? Wie einfach das wäre! Sag mal, Pimmi, hat dich schon einmal jemand geschlagen, ich meine, jemand von uns, deine Mutter, dein Vater, irgendein Verwandter, irgendeiner von unserem Volk?«

»Nein. Noch niemand. Aber ich habe keine Angst. Überhaupt keine!«

»Weshalb sollte ich dich jetzt schlagen, Pimmi?«

Ganz dicht stellte Pimmi sich mit dem Rücken an den Wagen.

»Ich habe gestohlen!« sagte sie mit weitaufgerissenen Augen. »Aber ich habe es nur für Panelon getan! Sie sollten ihm helfen, die drei. In seinem Wagen gibt es doch keine

Heiligen! Ich wollte sie auch bestimmt zurückbringen, ganz bestimmt!«

»Du hättest mich fragen können. Du hast bei mir gegessen und getrunken und in meinem Wagen geschlafen. Weißt du nicht, daß man seinen Gastfreunden nichts wegnehmen darf? Hat dir das noch niemand beigebracht?«

»Doch, ich weiß es. Es ist gegen das Gesetz. Und jetzt, bitte, verhau mich endlich, damit ich wütend auf dich sein kann und damit du nicht mehr mein Freund bist.«

»Nein!« sagte Migra. »Ich schlage kein Kind. Du sollst eine ganz andere Strafe bekommen, eine, die du so schnell nicht vergißt. Hör zu! Ich verbiete dir, mein kleines Kind anzuschauen. Du wirst nicht in meinen Wagen kommen und zusehen, wie ich es bade. Du wirst zehn Schritte weit von mir wegbleiben, wenn ich mit dem Kind auf der Wagentreppe sitze. Und wenn du neben mir am Feuer sitzt, wirst du deine Augen abwenden von meinem Kind. Ich will nicht, daß jemand es ansieht, der seine Freunde bestiehlt.«

Das klang sehr einfach, und Pimmi atmete auf. Nur der letzte Satz kränkte sie. Ganz klein mußte sie sich fühlen! Was konnte man dagegen tun?

»Ja, Migra«, flüsterte sie. Schritt für Schritt schob sie sich seitwärts am Wagen entlang.

»Dann geh, und vergiß es nicht!«

Pimmi hatte die Wagenecke erreicht. Ihre Augen funkelten und tanzten.

»Ich werde mir eben jeden Tag Tante Jerikas Nuna ansehen! Sie ist sehr, sehr niedlich!« rief sie und schoß davon.

»Warte ab!« sagte Migra und lächelte geheimnisvoll.

Bald sollte das große Wiedersehensfest beginnen. Alle zogen ihre schönsten Kleider an. Tante Jerika stellte einen Waschzuber mit Seifenlauge hinter ihren Lastwagen und schrubbte ihre Kinder der Reihe nach ab. Mit Hotolo fing sie an, mit der winzigen Nuna hörte sie auf. Dabei redete sie ununterbrochen:

»Eine Sandgrube hat er in den Ohren, eine Sandgrube! Warte, Bürschchen, dir werde ich noch beibringen, wie man sich wäscht! Die Wurzelbürste, Tutta, spring! Du wirst sie schon finden, irgendwo, He! Joko! Willst du wohl das Handtuch liegen lassen? Pepe, wenn du jetzt nicht still hältst, lasse ich deinen Hals so schwarz, wie er ist! Frisko, geh zu Onkel Tino und laß dir die Fingernägel schneiden! Er ist gerade fertig mit Branko.«

Denn auch vor Savinas Wagen wurden Kinder gewaschen. Vater Tino saß auf der Treppe, hielt Branko fest zwischen den Knien und kämmte ihm die schwarzen Locken mit Wasser. Nauka versuchte drinnen im Wagen, Pimmis Kopf mit kleinen Zöpfen zu schmücken, weil doch Tutta auch Zöpfe hatte. Sie selbst war schon fertig angezogen. Ihre feinste weiße Bluse trug sie zum großgeblümten Rock, hatte eine blaue Aster im Haar und große goldene Ringe an den Ohren.

Migras Jungen stolzierten schon, nach Pomade duftend, über den Platz. Sie waren so höflich, nicht zu Hotolo und Pepe hinüberzuschauen, die immer noch von Jerika bearbeitet wurden.

Endlich war es soweit: Vater Tino schlug einen Wirbel auf dem Kupfergong. Gemächlich, als kämen sie von einem Spaziergang, schlenderten die anderen herbei. Nun standen sie alle um das Feuer und warteten auf Mara. Panelon führte sie am Arm zu ihrem Korbsessel. Sie wartete, bis alle still waren, dann schlug sie drei große Kreuzzeichen über das Feuer, über die Kupfergefäße mit Fleisch, Gemüse und Brot und über die Menschen im Kreis.

»Boro dad! Großer Vater!« sagte sie. »Du bist im Himmel, und wir wandern auf Erden. Laß uns nicht allein, damit wir geduldig bleiben, damit wir zu essen und zu trinken haben, damit wir nichts Böses tun und nichts Schlechtes denken. Wir danken dir, denn du hast unseren Bruder und unsere Kinder zu uns zurückgeführt. Amen.«

»Amen!« sagten alle im Kreis. Sie setzten sich erst, als Mara saß.

Beim Essen wurde nicht geredet. Die Frauen schöpften mit großen Kellen den dampfenden Gemüsebrei auf die Teller. Mara verteilte das Fleisch. Dann wurden die Teller fortgeräumt und Weingläser gebracht. Das erste Glas Wein schüttete Mara ins Feuer. Dabei blickte sie Panelon an, und er nickte.

Jetzt begann die große Fröhlichkeit! Zurufe und Gelächter schwirrten ums Feuer, die Kinder rannten hin und her und bettelten bei jedem um einen Schluck Wein. Jerikas Jungen spannten ein niedriges Drahtseil zwischen den Wagen und zeigten ihre Fahrradkünste, Migras Jungen schlugen Saltos. Neugierig kamen die Leute aus den Baracken und Hütten und stellten sich im Halbkreis am Wegrand auf. Mara hatte auch die seßhaften Zigeuner, Tereinas Pflegeeltern, einladen lassen, sie hatten aber abgelehnt und ließen sich auch jetzt nicht sehen. Sehnsüchtig blickte Tereina von der Barackentür herüber. Da lief Pimmi zu ihr und zog sie an der Hand in das bunte Gewühl.

Gerade stellte Tante Ninja eine Apfelsinenkiste neben dem Feuer auf und breitete einen kleinen Teppich darüber. Onkel Jerko stellte sich darauf, das rechte Bein etwas vorgesetzt, die linke Hand in die Hüfte gestemmt, die rechte auf dem Herzen. Er räusperte sich, bis die Gespräche verstummten.

»Jetzt!« flüsterte Tante Ninja und sah ihn mit feuchten Augen an. Und Onkel Jerko begann:

»O großes Glück, wenn einer sich verirrt
im tiefen Wald, wo nur das Vöglein schwirrt,
wo nur die Wildsau grunzt, – o großes Glück,
wenn einer sich verirrt und kehrt zurück!

O großes Glück, wenn Kummer, Angst und Sorgen
uns quälen sehr am Abend und am Morgen,
o großes Glück, wenn dann mit frohem Munde
das Herz vernimmt der Rückkehr gute Kunde!

O großes Glück! Denn alles muß vergehn,
der Kummer auch. Seht Panelon dort stehn!
Wie eine Rose zart, so schön und fein,
seht Nauka auch und ihre Schwester klein!

Das macht des Jammers Maß nun voll genug!
So hört aus meinem Mund den Weisheitsspruch:
Ein großes Unglück muß geschehen, seht,
damit am Ende alles gut zu Ende geht!«

Man klatschte in die Hände und lobte ihn sehr. Jerko verbeugte sich nach allen Seiten und strich sich den Schnurrbart. »So kommt es über einen, wenn die Sterne scheinen!« sagte er. »Besonders der letzte Satz war gut, nicht wahr? Ja, solche Poesie hört sonst man nie!«

Von nun an redete er den ganzen Abend nur noch in gereimten Sätzen. Inzwischen hatte Jerika der kleinen Tutta einen Wink gegeben. Sie führte die Hunde herbei: Feline und Pepine, in rosa Röckchen und himmelblauen Hosen, schoben einen Puppenwagen mit Mimi und Fiffi. Die trugen Spitzenhäubchen, hatten die Pfoten auf das Deckbett gelegt und blickten starr geradeaus. Joko, mit Stock und Zylinder, stolzierte auf den Hinterbeinen an ihnen vorüber und grüßte sie mit gezogenem Hut. Im nächsten Augenblick allerdings ließ er sich fallen und kratzte sich hinterm Ohr. Er bekam einen Klaps dafür von Tutta, aber die anderen fanden gerade dies besonders lustig.

Übrigens hatte Tutta ausgerechnet heute abend keine Zöpfe, sondern ließ ihr langes schwarzes Haar in offenen Locken über die Schultern hängen. Pimmi zerrte an den Schleifen, die Nauka ihr mühsam eingebunden hatte.

»Jerika! Feuerschlucken!« rief jemand.

»Nicht, solange mein Bubala im Gefängnis sitzt«, sagte sie.

Gleich wurden alle still und ernst. Der wilde Bubala, der Nichtsnutz, hatte sie schon in manche Ungelegenheit gebracht. Aber gehörte er nicht doch zu ihnen? Ihm zu Ehren mußte man jetzt ein bißchen traurig sein. Außerdem hatte Juan ein Papier mitgebracht, das ihnen allen Sorge machte: Der Viehdiebstahl war aufgeklärt, aber sie sollten wegen »Irreführung der Behörden« eine Strafe bezahlen. Morgen würden sie arm, bettelarm sein. Denn Mara hatte bestimmt, daß dieses Geld zusammengelegt werden sollte. Die anderen wären lieber wieder aufgebrochen und hätten sich irgendwo ein Versteck gesucht, aber was konnte man tun gegen den Willen der alten Frau?

Juan redete leise mit Tino. Der stand auf, ging mit der Geige in den Schatten und begann leise zu spielen. Die Frauen wischten sich die Augen.

Leise sangen die Männer, und sie sangen für Bubala:

»Viele Vögel
zogen schreiend
durch den weiten
Himmel hin!
Ach, ich hörte
ihre Rufe
durch die Mauern,
durch die Gitter!
Durfte nicht mit ihnen wandern,
mußte im Gefängnis sein!«

Jerika schluchzte laut, Tutta steckte den Kopf in ihren Schoß und streichelte die Mutter. Mit finsteren Gesichtern und geballten Fäusten saßen Hotolo, Pepe und Frisko. Doch nun ließ Tino mit einem kleinen Zwischenspiel die Melodie in eine höhere Tonart gleiten. Weiter sangen sie:

»Mit dem Schlüssel
heute morgen
kam der Wärter:
Geh, Zigeuner!
Hei, ich küßte
seine graue
Stoppelwange,
und ich rannte!
O du Schönste, morgen kauf' ich
dir ein Kopftuch, ja, aus Seide!«

Vorbei war alle Traurigkeit. Die Geige sang und lachte. Jerika wischte sich das Gesicht ab, Tutta lief zu den Hunden, und Hotolo, Pepe und Frisko begannen, mit dem jungen Juan und Arniko um Zigaretten zu knobeln. Mara nickte zufrieden. Alle unterhielten sich wieder fröhlich, und immer noch sang die Geige leise weiter.

Nur Pimmi schielte bedrückt auf ihre Füße. Migra war in den Wagen gegangen und hatte das kleine Kind geholt. Es war Zeit, ihm zu trinken zu geben. Mußte sie sich unbedingt Pimmi gegenübersetzen?

Auch Nauka wußte nicht recht, wohin sie blicken sollte. Mateo hatte Tereina herangewinkt. Sie saß nun neben ihm, ein wenig abseits vom großen Kreis. Manchmal blickte sie unruhig zu den Baracken hinüber. Ganz recht! Sie gehörte nicht hierher.

Da trat Tino aus dem Schatten und stellte sich dicht neben das Feuer. Lauter sang seine Geige, rufender. Die Gespräche verstummten. Licht und Schatten liefen über Tinos ernstes Gesicht und spielten auf dem goldnen Geigenholz. Licht und Schatten warfen wechselnd die Töne über die Herzen der Lauschenden, wie die Sonne auf weiten weißen Straßen glänzt, wie Wolkenzug und Nacht über die wandernden Wagen hingeht.

Tino sah Nauka an. Sie stand auf und trat in den Kreis.

Noch blieb sie unbewegt, horchte nur, schloß die Augen und wartete. Nun kam die Musik zu ihr, sanft, lockend, süß, die Musik aus Vater Tinos Geige. Sie prickelte in ihren Sohlen, die bebten nun und tasteten spielend über das Gras. Nun war sie in ihren Knöcheln, die Musik, und pochend und stampfend hoben sich Naukas Füße. Dann plötzlich war alles vergessen, das Feuer, die Menschen, auch Mateo, auch der Vater mit der Geige, – nur noch Musik war in Nauka. Sie hob die Arme über den Kopf, lächelte, bog sich, drehte sich, wiegte sich, wirbelte! War es Nauka, die da tanzte? War es die Musik? Immer wilder wurde der Tanz. Die anderen hatten zuerst nur stumm und regungslos zugesehen, nun klatschten sie in die Hände, summten die Melodie mit, wiegten sich im Sitzen vor und zurück, nach links, nach rechts, wie Nauka, wie die Musik.

Ganz plötzlich brach Tino ab und ließ den Bogen hoch

über seinem Kopf im Flammenschein schweben, – dann setzte er wieder ein: nun hüpften die Töne. Nauka streckte die Hand aus, und Pimmi war bei ihr, Feuerglanz in den Augen. Übermütig tanzten sie beide ringsum an den anderen vorbei. Freude! Freude! tanzten sie. Und einer nach dem anderen stand auf, löste sich aus dem Schatten, trat zu ihnen und tanzte mit: Männer, Frauen und Kinder. Migra mit Juan, Hotolo mit Jerika, Savina mit dem jungen Juan, Jerko mit Ninja, Frisko und Arniko, beide mit ihren winzigen Schwesterchen im Arm.

Branko war zum Wagen gerannt, nun kam er atemlos mit seiner kleinen Gitarre und stellte sich neben den Vater. Der bog sich ein wenig herab zu ihm, – oh, sein Sohn, sein Branko, war mit Musik im Herzen geboren! Ein großer Gitarrist würde er werden!

Stolz lächelte Tino, stolz lächelte auch Savina zu den beiden hinüber. Oh, ihre Kinder, ihre Kinder!

Da sah sie, wie Pimmi sich allein zu Mara und Panelon setzte. Wo war Nauka? Dort ging sie, wand sich durch die Tänzer und hielt den Kopf gesenkt. Weshalb wollte Nauka nicht mehr fröhlich sein? Alle tanzten nun, auch die Leute aus den Baracken und Hütten.

Savina sah auch, daß Mateo mit dem armen, taubstummen Mädchen tanzte, mit Tereina. Er half ihr, den Tönen zu folgen, die sie doch nicht hören konnte. Er führte sie an den Händen. Tereina lächelte und blickte über seine Schulter ins Feuer. Glücklich sah sie aus.

Savina schob Hotolo zu Pimmi und lief hinter Nauka her. Doch nicht bei den Wagen, nicht auf dem Weg, nicht zwischen den kleinen Gärten fand sie die Tochter.

Nauka saß hoch oben am Bahndamm und hielt Sara im Schoß. Mateo war nicht zu ihr gekommen. Mateo tanzte nicht mit ihr. Mit Tereina tanzte Mateo!

Sie sah die bunten fröhlichen Menschen dort unten. Ob sie wohl schon alle wußten, was Mateo Nauka angetan hatte? Sie schämte sich. Nun stand Mara auf und hob die Hand. Tino ließ den Tanz in einen leisen Gesang gleiten und verklingen. Mara sprach, alle waren still. Nauka konnte nicht verstehen, was sie sagte. Das Feuer wurde mit Erde zugeworfen, die Menschen gingen fort zu den Wagen und Hütten. Bald war es still über dem Platz. Nur im grünen Wagen war noch Licht. Savina und Tino saßen auf der Treppe. Sie warteten auf Nauka.

Die ließ sich lautlos am Hang hinabgleiten, schlich zu Mateos kleinem Zelt und legte Sara dort ins Gras. Sie streichelte noch einmal das Puppengesicht und wischte ihm die Tränen ab, die Nauka geweint hatte.

Mateo und Tereina

Juan und Migra, Jerko und Ninja brachen früh am nächsten Morgen auf. Sie wollten bei einem Winzerfest im Hinterland ihre Besen und Körbe und Lebkuchen verkaufen.

Jerko stolzierte vor dem Anhänger auf und ab, während Ninja die Lebkuchenkästen im Auto verstaute.

»Wie schön ist dieser Morgen, ohne Kummer und Sorgen!« rief er.

»Wie faul ist doch mein Mann, der nichts als dichten kann!« seufzte Ninja.

Jerikas Jungen schüttelten sich vor Lachen.

»Die wahre Poesie versteht sie nimmer und nie!« sagte Jerko. »Ich dichte, weil ich muß, nach meines Schicksals Schluß!«

»Lebkuchen sollst du verkaufen, mein Lieber, das Fest ist vorbei«, sagte Ninja sanft und schob ihn ins Auto.

Er streckte noch einmal den Kopf aus dem Fenster. »Man muß es nur versuchen: Das Leben ist kein Kuchen! Es ist eine bittere Mandel, hat dich ein Weib am Bandel!«

Da gab Ninja Gas und brauste mit ihm davon.

Pimmi hockte im Wagen hinter dem kleinen Fenster und wagte sich nicht auf den Platz. Migra war herzlos! Weshalb ließ sie ihre Wagentür offenstehen? Konnte man wissen, ob einem nicht unversehens das Kinderkörbchen vor die Augen kam? Es war schrecklich, immer und immer mußte sie an Migras kleines Kind denken!

»Ich glaube, Migras Ehra schläft jetzt«, sagte sie zu Savina.

»Mag sein. Sie ist ja noch sehr klein und muß viel schlafen.«

»Was für Haare hat sie eigentlich?«

»Schwarze, wie du, Pimmi. Geh doch hinüber und schau sie dir an.«

»Später . . .«, sagte Pimmi.

Endlich schwankte der große Wagen davon. Wenigstens für zwei Tage hatte sie nun Ruhe vor der kleinen Ehra! Erleichtert rannte Pimmi hinaus.

Gerade gingen auch Jerika und Tutta fort. Die kleine Nuna hockte mit unglücklichen großen Augen in Jerikas Rückentuch. Sie war fast ein Jahr alt und konnte schon laufen, deshalb fand sie es dort oben etwas eng.

Tutta trug einen zusammengerollten Sack unterm Arm. Heute abend würde sie ihn prall gefüllt zurückbringen. Denn Tutta verließ sich nicht nur aufs Betteln, sie veranstaltete immer gleich einen großen Beutezug: Jede Mülltonne an der Straße und jeden Schuttabladeplatz durchwühlte sie. Wunderbare Dinge brachte sie dann mit: Bunte Flaschen, Schachteln und Dosen, alte Zeitschriften, Stoffreste, Silberpapier, zerbrochene Tassen mit echtem Goldrand, Bleistiftstummel und verbeulte Bälle! Pimmi durfte keine Mülltonne öffnen und auf keinem Schuttplatz stöbern. Savina erlaubte es nicht. Sauber gewaschen und gekämmt sollte sie mit ihr von Haus zu Haus gehen und Deckchen verkaufen!

»Komm, Pimmi!« sagte Savina und nahm ihre Hand.

Pimmi konnte wirklich nicht verstehen, warum ihre Mutter aus ihr unbedingt ein braves kleines Mädchen machen wollte. Was war daran schon angenehm?

Immer stiller wurde es auf dem Platz. Jerikas Jungen hockten nebeneinander auf dem Lastwagen, ließen die Beine baumeln und sahen Nauka zu, die den Feuerplatz fegte. Eigentlich sollte Hotolo jetzt mit den Hunden arbeiten, und Pepe und Frisko sollten die Fahrräder putzen. Das hatte Jerika ihnen aufgetragen, – aber sie ließen sich Zeit damit.

Mateo kam und redete Nauka an:

»Ich habe Sara gefunden, vielen Dank! Habt ihr gemerkt, daß sie ein Wegzeichen für euch sein sollte?«

»Ja, wir haben es gemerkt«, sagte Nauka und fegte weiter.

Nachdenklich ging Mateo zum Karren zurück. Was war mit Nauka? Nun brachte sie den Besen fort und ging mit der alten Mara den Weg hinunter. Nur einen leeren Beutel trug sie. Mußte sie betteln gehen? Mateo hätte Nauka gern ein freundliches Wort zugerufen, aber sie ging eilig an ihm vorüber. Nur Mara nickte ihm zu.

»Jetzt ist kein Weib mehr im Lager, jetzt wird es gemütlich!« sagte Hotolo, reckte sich und gähnte.

»Aber dort kommt schon wieder eins. Das taubstumme Mädchen!« sagte Pepe. »Na, die hat uns wenigstens nichts zu sagen!«

Tereina brachte ein Bündel mit bunten Stoffresten. Sie setzte sich damit neben Mateo nieder und begann, Kleider für seine Puppen zu nähen. Gestern, ehe Nauka und Pimmi mit Panelon ankamen, hatte er seinen Puppensack von Migra geholt und ihn ausgepackt. Tereina war dazugekommen und hatte sich nicht genug entzücken können über die Wunderdinger. Sie hatte gestern gesehen, daß manches Gewand ausgebessert werden mußte und freute sich nun, daß sie das tun durfte. Was sollte Mateo dagegen haben? Ihn freute es, daß die stille, traurige Tereina so eifrig und fröhlich dabei war.

»Aha!« sagte Pepe. »So ist das!«

»Laß sie!« flüsterte Hotolo. »Sie ist ein armes Ding. Ich finde es nett von Mateo, daß er sich um sie kümmert.«

Seufzend dachten die drei an ihre Arbeiten und beschlossen, sich vorher gründlich auszuruhen. So krochen sie in den Wagen auf ihre Federbetten.

Tino und Branko hatten einen Spaziergang gemacht, nun kamen sie zurück und setzten sich auf die Wagentreppe. Tino bezog einen neuen Geigenbogen, und Branko spielte mit Pimmis Hühnchen.

Auch Tino schaute jetzt zu Mateo und Tereina hinüber.

Gestern abend hatte er noch ein langes Gespräch mit Savina gehabt, während sie auf Nauka warteten. Es war immer schon bei allen in der Sippe ausgemachte Sache, daß Nauka eines Tages Mateos Frau werden sollte. Man redete nicht viel über solche Dinge, auch Scherze und Anspielungen waren nicht erlaubt, sie hätten die Ehre des Mädchens verletzt. Aber alle hatten ja Augen im Kopf und sahen, wie gut die beiden miteinander standen. Weil sie auch noch im Alter zueinander paßten und nicht zu nahe verwandt waren, rechnete also jeder damit, daß man eines Tages ihre Hochzeit feiern konnte. Nur war Nauka bis jetzt noch zu jung gewesen, deshalb hatte Tino noch nicht mit Panelon darüber gesprochen. Von langen Verlobungszeiten hielt er nicht viel. Nach Weihnachten würde Nauka sechzehn sein, dann konnte sie heiraten. Schön wäre es, vielleicht im Mai bei dem großen Sarafest in Les-Saintes-Maries-de-la-Mer die Hochzeit zu feiern. Dort trafen sich auch die entferntesten Verwandten.

Aber nun sahen die Dinge anders aus.

Zornig riß Tino an den Bogenhaaren. War seine Tochter dem Puppenspieler nicht mehr gut genug? Durfte er sie beleidigen? Denn das hieß doch wohl ein Mädchen und seine Eltern kränken, wenn man so offen vor aller Augen mit einer anderen tanzte, mit einer anderen sich vor seinen Wagen setzte!

Tino warf den halbfertigen Bogen in den Wagen und zündete sich eine Zigarette an. Langsam, sehr langsam schlenderte er an Mateo und Tereina vorüber zu Panelon.

Mateo blickte auf, aber auch Tino gab ihm keine Gelegenheit zu einem Gruß oder freundlichen Wort. Nun verstand er.

Nachdenklich und ernst betrachtete er Tereina. Sie spürte seinen Blick, hob den Kopf und lächelte. Es war ein armseliges, ganz ungeübtes Lächeln. Und Mateo schickte sie nicht fort, wie er gewollt hatte. Durfte er denn diesem armen Mädchen weh tun? Sie war glücklich, weil sie ihm helfen konnte. Nein, er tat nichts Böses, wenn er freundlich zu ihr war. Mochten die anderen vernünftiger sein!

Panelon saß auf der Wagendeichsel und schnitzte an einem Puppenbein. Von dem Geld, das die Frauen heute mitbrachten, sollte auch Löffelholz für ihn gekauft werden. Er war nicht gern untätig.

»Ich möchte mit dir reden, Panelon«, sagte Tino leise.

»Worüber, Tino?«

Tino zögerte einen Augenblick, schnickte dann ärgerlich die Asche von seiner Zigarette, sagte: »Über das Wetter!« und ging weiter. Schließlich war es nicht seine Sache, das Heiratsgespräch zu beginnen. Der Vater des Burschen mußte beim Vater des Mädchens werben. Oder hatten Mateo und sein Vater die alten Gesetze vergessen?

Panelon schüttelte den Kopf und schnitzte weiter. Was war mit Tino? Nun, ein heftiger Mann wie er konnte schon einmal einen ungerechten Ärger haben, Panelon verstand das gut. Ihm ging es oft ebenso. Mochten die guten Engel Tinos Herz wieder hell machen! Panelon fühlte sich friedlich und glücklich.

Indessen wanderten Mara und Nauka auf einem Umweg in die Stadt.

»Du bettelst nicht gern, Nauka«, sagte sie alte Frau.

»Nein.«

»Wie stolz sie ist! Sie will sich nichts schenken lassen!«

»Sie verachten uns, weil wir nicht arbeiten, die Gadsche.«

»So laß sie arbeiten! Ist es ihnen nicht ein Spaß, immer etwas Neues zu machen? Aber ich sage: Die Welt ist gut und schön, wie sie ist. Daran sollen wir unsere Freude haben. Waren die Straßen etwas anderes, als unsere Vorfahren vor dreitausend Jahren und mehr aus dem Lande Indien kamen? Die Sonne? Der Regen? Der Wind? Die schöne Nacht und das Feuer? Mit ihren Fabriken, ihren Masten für die Schwatzteufel, ihren Schienen für die Reiseteufel, ändern sie daran etwas, die Gadsche? Feuer und Wasser, Himmel und Erde, die bleiben. Und die gehören uns.«

Sie blieb stehen und stampfte mit ihrem Stock auf die Straße: »He, Nauka! Sind wir faul, wenn wir leben wie die Vögel, weil Gott uns so gemacht hat? Die Gadsche sollen wie Gadsche sein und die Zigeuner wie Zigeuner. Wenn es denen Spaß macht, zu arbeiten – gut! Uns macht es Spaß, zu spielen und uns zu freuen, daß wir leben dürfen.«

»Aber das Betteln?« fragte Nauka zögernd. »Sie arbeiten für das, was sie haben. Auch für das, was sie uns geben.«

Mara antwortete ihr nicht. Mit dem Stock hob sie eine Brombeerranke vom Straßenrand. Überreife, schwarzglänzende Früchte hingen daran.

»Pflück ab und iß!« befahl sie. »Bück dich, Mädchen!«

Nauka pflückte eine Handvoll und bot sie Mara. Die kostete eine Beere, nickte zufrieden und schob dann die Hand zurück.

»Du sollst sie essen. Und dann gib mir Antwort: Kannst du wissen, wieviel Arbeit Gott mit den guten Früchten gehabt hat?«

»Nein«, sagte Nauka.

»Nun also! Er hat uns das Leben geschenkt, nicht verkauft! Nicht für Arbeit, nicht für Tüchtigsein, für gar nichts. Noch nicht einmal dafür, daß wir gut sind. Denn wir sind nicht gut, und trotzdem schenkt er uns seine Welt! – Oder denkst du, du kannst ihm etwas bezahlen?«

»Nein«, sagte Nauka. »Aber ich ertrage es nicht, daß die Gadsche uns verachten.«

»Du wirst es lernen müssen. Sie verstehen uns nicht, das macht ihnen angst, und aus Angst wird die Verachtung der schwachen Herzen, aus Angst die Bosheit der harten Herzen. Sie haben die große Zahl, wir haben die kleine Zahl. Weiße Menschen, schwarze Menschen, rote Menschen, gelbe Menschen: Immer jagen die vielen die wenigen, die anderen. Du wirst es lernen müssen. Uraltes Menschenleid.«

»Ich weiß, was mit Parni und ihren Kindern geschah.«

»Auch ich weiß es, Nauka. Aber nicht alle Gadsche haben uns Leid angetan. Willst du nun die vielen hassen um der wenigen willen?«

»Ich mag nicht bei ihnen betteln.«

»Wenn du nicht betteln willst, dann mußt du werden wie sie. Dann mußt du in einem Hause wohnen und dich schwermachen mit Besitz und die Straßen verlassen. Willst du das? Doch unser Geheimnis ist Armut, und auch verfolgt sein ist unser Geheimnis. Leicht sollen wir sein, und klein sollen wir uns machen. Seltsam sind die Augen des großen Vaters, so steht es im heiligen Buch der Christen: Er sieht die kleinen Vögel, und er zählt die Haare auf eines jeden Menschen Kopf. Die Armen, die Leidenden, die Hungernden, die Verfolgten will er beschenken. Was könnte er den Satten geben, denen, die alles schon haben? Bück dich, habe ich gesagt! Und wenn du die süßen Beeren vom Dornenzweig gepflückt hast, geh weiter und sei leicht und frei: Das ist unser Teil, das ist unsere Freude. Mag sein, die Gadsche haben eine andere. So sollen sie nach ihrer Art leben, wie wir nach der unseren. Willst du keine Romni mehr sein, keine Zigeunerin, Nauka?«

»Ich will, Mara-Mami, ich will!« sagte Nauka erschrocken.

»Dann werde endlich klug. Nimm an, was der große Vater dir schenkt, er gibt dir auch mit den Händen der Gadsche. Willst du das verachten? Willst du nicht endlich deinen stolzen Rücken beugen? Komm, dort sind die Häuser.«

Es war nicht anders als sonst, das Betteln, nicht anders als sonst schwelte der Küchendunst in den Treppenhäusern, schrillten die Klingeln und schlugen hart die Türen. Nicht anders als sonst wurde aus der klugen, selbstsicheren Mara eine demütige Bettlerin, – aber Nauka fiel es heute nicht so schwer, den Beutel zu öffnen und mit gemurmeltem Dank die Gaben einzustecken.

Einmal wollte eine Frau von Mara aus der Hand gelesen haben.

»Leere Hand – keine Botschaft!« sagte die Alte. Dann strich sie lässig die Münze von der Handfläche der Frau und bog die Finger zurück. Dabei blickte sie aufmerksam in das Gesicht und die unruhigen Augen der Frau.

»Ein langes Leben!« fing sie an. Das sagte sie immer, Nauka wußte das. Denn Mara meinte, jedes Menschenleben sei gerade so lang, wie der Wille Gottes und der heiligen Engel es bestimmte. Also war es immer lang genug. Aber wie sollte man das den Gadsche erklären? Die wollten alles immer so genau und deutlich wissen!

»Hüte dich vor dem nassen Wetter und den scharfen Gewürzen!« fuhr Mara fort. Denn sie hatte im Gesicht der Frau gesehen, daß ihre Nieren krank sein mußten.

»Hüte deine Zunge, besonders bei anderen Frauen halte deine Worte fest, sonst wirst du Ärger haben.«

»Jaja, ich weiß schon, wen Sie meinen!« rief die Frau.

Mara nickte zufrieden. Die Frau hatte einen geschwätzigen Mund und neugierige Augen. Da gab es leicht Streit mit den Nachbarinnen.

»Ich spreche die Wahrheit«, murmelte Mara. »Drei Kinder hast du?«

»Ja!« rief die Frau. »Woher wissen Sie das?«

»Ich weiß es«, sagte Mara. Sie hatte blindlings geraten, oder anders: sie hatte sich einem Gefühl überlassen, das ihr die richtige Zahl eingab. Nicht immer gelang ihr das.

Nun schwieg sie lange. Bis jetzt war es leicht gewesen. Sie hatte nur ausgesprochen, was ihre menschenkundigen Augen sahen. Meistens konnte sie den Leuten auch gar nicht mehr sagen. Aber manchmal stiegen Bilder zu ihr auf aus der geöffneten Handfläche, manchmal redeten geheime Stimmen.

Mara bog die Hand zusammen und schob sie sanft zurück. »Es fliegen dunkle Vögel und Vögel mit hellen Schwingen über der Menschen Häuser«, sagte sie müde.

»Was meinen Sie? Vögel? Bedeutet das etwas?«

»Ich habe alles gesagt«, antwortete Mara. »Gott soll Sie schützen und segnen. Haben Sie warme Kindersachen? Ein Mäntelchen vielleicht?«

Nun war sie wieder die alte Bettlerin. Die Frau brachte wirklich einen Mantel, der Pimmi oder Tutta passen mochte. Aber soviel sie auch nach der Bedeutung der Vögel fragte, Mara gab ihr keine Auskunft. Weshalb sollte sie die Arme erschrecken? Alles Unglück kam früh genug, und den schlechten würden auch wieder gute Tage folgen. Vor dem, was ihr bestimmt war, konnte Mara die Frau nicht schützen.

Sie kehrten um, als der Beutel gefüllt war.

»Brombeeren!« sagte Mara und deutete mit dem Stock auf das pralle Säckchen. »Haben wir uns nicht gebückt?«

Ehe sie an das Lager kamen, faßte Nauka nach Maras Hand. »Mara-Mami«, sagte sie. »Mein Herz ist traurig.«

»Ich weiß, Nauka. Du sollst lernen, in der Armut zu wohnen. Auch mit dem Herzen.«

»Das meine ich nicht.«

»Aber ich meine es. Was willst du haben? Eines Menschen Herz? Warte, was dir geschenkt wird.«

Die Feuer brannten schon auf dem Lagerplatz. Heute abend kochte jede Familie für sich allein. Aber deshalb konnte doch jeder dort essen, wo es ihm am besten schmeckte. Hotolo und Frisko luden sich bei Savina ein, Pimmi wanderte zu Jerika hinüber. Sie hatte etwas sehr Wichtiges mit Tutta zu besprechen.

Eilig löffelten beide Jerikas dünne Suppe und liefen dann mit Tuttas Sack zu einem versteckten Platz hinter dem Garten am Bahndamm. Tutta packte aus: alte Zeitschriften, Flaschen, Schachteln. Das war nichts Besonderes. Dann zog sie ein Messer heraus, abgebrochen und verrostet, aber man konnte noch gut damit schneiden.

»Hm«, machte Pimmi. »Weiter.«

Jetzt zeigte Tutta einen holzgerahmten Spiegel, an dem nur eine Ecke fehlte.

»Ganz schön«, sagte Pimmi.

»Ganz schön! Herrlich ist der! Aber hier, – sieh dir das an!«

Ein Porzellanhund! Nur der Schwanz und die Ohren fehlten.

»Ist das alles?« fragte Pimmi.

»Noch lange nicht! Aber wenn du so tust, als ob das lauter schlechtes Zeug wäre, dann zeige ich dir überhaupt nichts mehr! Sieht er nicht fast genauso aus wie Joko?«

»Na ja. Was hast du sonst noch?«

»Das Beste kommt zum Schluß. Du wirst staunen!«

»Beeil dich! Dann werde ich dir nämlich zeigen, was ich gefunden habe!« sagte Pimmi ungeduldig.

»Du? Was willst du denn gefunden haben? Du hast doch gar keinen Sack!«

»Man braucht keinen Sack, und man kann doch wunderbare Dinge finden.«

»Hast du es in der Tasche? Dann kann es nur etwas ganz Kleines sein.«

»Es ist klein und doch groß. Ich habe es in der Tasche, und doch bedeutet es ... na, du wirst schon sehen. Zeig erst, was du noch hast!«

»Was ich jetzt noch habe, ist jedenfalls so herrlich, daß du staunen wirst. Mach die Augen zu!«

Tutta kramte lange in ihrem Sack, etwas klirrte, etwas klang wie Metall.

»Augen auf, Pimmi!«

Das war nun wirklich ein wunderbares Ding: eine richtige Petroleumlampe, mit einem Glaszylinder, an dem kein einziger Sprung zu entdecken war, mit einem Docht, der sich auf und nieder schrauben ließ, und mit einem Messingfuß, in den Lilien und Seerosen eingepreßt waren!

»Na?« fragte Tutta stolz. »Was sagst du dazu?«

»Sehr schön, aber jetzt gib acht!«

Und Pimmi hielt Tutta einen großen, rostigen Schlüssel vor die Augen. Er hatte einen krausen Bart und einen kunstvoll geschmiedeten, verschlungenen Griff.

»Ein Schlüssel«, sagte Tutta. »Ist das alles? Schlüssel habe ich schon massenhaft gefunden. Man hat nichts davon, wenn man nicht weiß, an welche Tür sie passen. Und außerdem darf man ja fremde Türen nicht aufschließen. Das tun nur Diebe.«

»Siehst du nicht, daß es ein besonderer Schlüssel ist?«

»Ziemlich groß ist er. Aber nicht sehr besonders.«

»Doch. Er ist besonders.«

»Wer sagt das?«

»Ich weiß es eben. Man muß nicht alles gesagt bekommen und weiß trotzdem etwas.«

»Hast du ihn vielleicht von einer Tür abgezogen?«

»Er lag unter einem Holunderstrauch.«

»Überall gibt es Holundersträucher. Warum soll nicht einmal ein Schlüssel darunter liegen?«

»Du hast keine Augen im Kopf. Sonst müßtest du sehen,

daß dies ein Wunderschlüssel ist. Ich glaube, er paßt an das Tor zu einem Königsschloß.«

»Hm. Vielleicht paßt er auch zu einem Keller? Und Räuber haben dort ihre Schätze vergraben?«

»Nein, nein, es muß etwas Schönes sein, nichts mit Räubern und schrecklichen Sachen.«

»Dann paßt er vielleicht an die Tür zu einem Laden? Und dort gibt es ganz große Bonbongläser und Kisten voll Schokolade und Fässer mit Himbeersaft und goldene Schmucksachen und Armbanduhren und weiße Schuhe und seidene Kleider?«

»Läden gibt es überall. Dieser Schlüssel paßt doch zu etwas, was es nur ein einziges Mal auf der Welt gibt! Wenn es kein Schloß ist, muß es ein Garten sein, ein Wundergarten! Weiße Pferde laufen dort frei herum, und überall blühen Blumen. Goldene Apfelsinen wachsen an manchen Bäumen, und an anderen hängen silberne Glöckchen!«

»Aber wenn ein Drache in dem Garten ist, einer, der Menschen verschlingt?«

»Unmöglich!« sagte Pimmi. »Du verstehst den Schlüssel nicht. In dem Garten ist nichts Böses. Wenn es einen Drachen dort gibt, ist er gutmütig. Man kann ihn an einer Leine spazierenführen.«

»Meinst du, es ist auch ein Prinz in dem Garten? Vielleicht heiratet er dich?«

»Natürlich, ein Prinz ist auch da. Er ist traurig, weil seine Prinzessin ihm fortgelaufen ist. Aber dann komme ich und werde seine Frau. Wahrscheinlich hat er heute den Schlüssel für mich unter den Holunderstrauch gelegt.«

»Hat er einen schönen Wagen?«

»Einen goldenen! Nein, drei goldene Wagen hat er! Einen zum Wohnen, einen zum Schlafen und einen ganz voll Edelsteine. Und die weißen Pferde ziehen den Wagen, wohin man will. Ich brauche dann nur zu denken: Ich möchte bei einer schönen Quelle sein! – Schon bin ich da! Oder ich denke mir einen Berg, eine Stadt, einen Wald – im gleichen Augenblick bin ich da.«

»Schade«, sagte Tutta.

»Was ist schade?«

»Du hast dir das alles ja nur ausgedacht. Es ist ein ganz gewöhnlicher, rostiger alter Schlüssel.«

Pimmi hätte Tutta gern etwas Schlechtes gewünscht, so wütend war sie jetzt. Aber es fiel ihr noch rechtzeitig ein, daß sie mit ihren Wünschen vorsichtig sein wollte.

»Du tust mir leid, Tutta«, sagte sie so sanftmütig sie konnte. »Du verstehst eben nichts von großen Geheimnissen. Ich hätte dich sonst mitgenommen in meinen Garten. Vielleicht hätte mein Prinz auch erlaubt, daß du auf einem von den weißen Pferden reitest. Aber ich glaube, du darfst noch nicht einmal den Drachen füttern, wenn du einfach an gar nichts glaubst!«

»Ich gebe dir den Hund für den Schlüssel!« sagte Tutta schnell.

»Und wenn du mir den Hund und den Spiegel und die Lampe und deinen ganzen Sack voll schlechtem Kram dazu gibst, – den Schlüssel bekommst du nie!« sagte Pimmi. »Überhaupt könntest du auch gar nichts damit anfangen. Man muß seinen Namen wissen, sonst hat der Schlüssel keinen Wert.«

»Wie heißt er denn?« fragte Tutta.

»Er heißt ›Schlüssel zum Glück‹!«

»Ach!« rief Tutta. Ein Ding mit einem so wunderbaren Namen mußte auch Wunderkraft haben!

»Aber du bist doch meine Freundin«, sagte Pimmi. »Wenn du auch gestern nicht gekommen bist, als Migra mit mir hinter dem Wagen sprechen wollte, und das war wirklich nicht besonders nett von dir. Aber wenn du mir jetzt versprichst, daß du keiner Seele etwas davon verrätst . . .«

»Keiner Seele!« sagte Tutta. »Was wollte Migra von dir?«

»Nichts Wichtiges. Ich meine, wenn du keiner Seele etwas von dem Schlüssel zum Glück sagst, dann . . . also dann erzähle ich dir wenigstens von dem Garten, sobald ich ihn gefunden habe. Aber du weißt doch, wie es mit Zaubersachen ist? Man darf nicht darüber sprechen!«

»Natürlich!« sagte Tutta. »Aber nur, wenn du mich mitnimmst.«

»Das kann ich dir nicht fest versprechen«, sagte Pimmi. »Der Prinz muß es doch erlauben. Aber ich will ihn fragen.«

Tutta packte ihre Schätze wieder in den Sack, und beide gingen zum Lagerplatz zurück. Ehe sie sich verabschiedeten, legten sie die Finger auf den Mund und sahen sich lange ernst in die Augen.

Pimmi ließ sich von Mutter Savina eine Schnur geben. Mit drei festen Knoten knüpfte sie den Schlüssel daran, mit drei Knoten band sie sich die Schnur um den Hals. Sie fühlte, wie er warm wurde auf ihrer Haut und wie er mit jedem Atemzug sich hob und senkte. Was würde er ihr aufschließen? Man konnte nicht genug darüber nachdenken. Wunderbare Träume hatte Pimmi in dieser Nacht.

Am nächsten Morgen regnete es. Tino und die Kinder blieben lange auf ihren Lagern und unterhielten sich mit Mara und Savina. Heute wurde das Essen auf dem Herd im Wagen gekocht. Warm und gemütlich war es in dem kleinen Raum.

Nauka saß auf ihrem Schlafbrett und schaute in den Regen hinaus.

Mateo hatte sein Zelt noch gestern abend abgeschlagen. Ob es unter der alten Plane im Karren wohl trocken war? Sonst waren die beiden bei schlechtem Wetter immer zu ihnen gekommen. Was tat Mateo jetzt? Schrieb er? Aber es mußte dunkel dort sein, viel zu dunkel.

Da sah sie, wie Mateo die Plane zurückschlug und herüberschaute. Sie duckte sich und zog das Gardinchen vor. Sie hörte Schritte, die vor dem Wagen zögerten. Würde er anklopfen? Oder wartete er, bis man ihn rief? Nun ging er weiter. Die anderen hatten nichts gemerkt. Nauka hob das Gardinchen wieder und blickte ihm nach. Er ging über den Platz, den Kopf gesenkt, die Hände in den Hosentaschen. Nun war er bei den Baracken. Er klopfte an die Tür. Jemand öffnete ihm, und Mateo ging hinein. Mateo war an Naukas Wagen vorübergegangen und bei Tereina eingetreten. Sie steckte den Kopf in die Kissen und hielt den Atem an.

Früher als erwartet kamen die Wagen vom Winzerfest zurück. Bei schlechtem Wetter gab es nicht viel zu verkaufen. Jetzt freute Pimmi sich über den Regen: Migra mußte die Wagentür verschlossen halten, sie konnte nicht mit dem Kind auf der Treppe sitzen, und es würde auch kein Lagerfeuer geben. Sie hatte schon überlegt, ob sie die Glückskraft des Schlüssels an Migra erproben sollte. Denn soviel war sicher: Er konnte nicht nur Türen und Tore öffnen. Auch ein Herz, so hart wie das von Migra, mußte sich damit aufschließen lassen. Vielleicht brauchte sie nur einmal – oder besser dreimal? – mit dem Schlüssel die Tür zu berühren, und gleich würde Migra heraustreten und Pimmi einladen, das kleine Kind zu betrachten? Aber das mußte gut überlegt werden. Gab es nicht Zauberdinge, die nur ein einziges Mal wirkten? Man konnte nicht wissen, wie es mit diesem Schlüssel war. Und Pimmi nahm sich vor, die kleine Ehra einfach sofort und endgültig zu vergessen.

Juan deckte jetzt eine Plane über den Traktor, und Migra half ihm dabei.

»Ich gehe zu Tutta!« sagte Pimmi und lief hinaus. Doch, ob sie wollte oder nicht, sie mußte bei Migra und Juan stehenbleiben.

»Guten Tag«, grüßte sie höflich.

»Guten Tag, Pimmi!« sagten Migra und Juan und arbeiteten weiter.

Pimmi legte die Hände auf den Rücken. Ihre Haare wurden naß und strähnig vom Regen, und von Zeit zu Zeit sprang ihr ein Tropfen von der Nasenspitze. Sie ärgerte sich über sich selbst, sie kam sich ganz überflüssig vor, und sie blieb doch stehen.

Die beiden waren nun fertig und gingen zum Wagen.

»Weshalb stehst du da im Regen?« fragte Migra im Vorübergehen.

»Nur so.« Pimmi trat einen Schritt zurück.

»Aha!«

»Wenn ich wollte!« sagte Pimmi und tastete nach dem Schlüssel unter ihrem Kleid.

»Wenn du was wolltest, Pimmi?«

»Aber ich will ja überhaupt nicht!« Nein, sie streckte Migra nicht die Zunge heraus, nur in Gedanken tat sie das.

Migra hätte es auch gar nicht gesehen. Die Wagentür war schon zugefallen, nur das Gardinchen am Türfenster schaukelte noch vom Windzug.

Trotzig stapfte Pimmi mitten durch die Pfützen zu Jerikas Wagen hinüber. Tutta saß dort unter der Plane und preßte gerade lange grünliche Würmer aus Putzpaste auf ein Tuch. Neben ihr stand die wunderbare Lampe, und alle Brüder hockten im Kreis um sie herum.

»Ninja hat mir ein fabelhaftes Putzmittel gegeben«, sagte Tutta. »Die Lampe wird herrlich werden!«

Eine Weile sah Pimmi zu, wie Tutta mit Hingabe schmierte, wischte und rieb. Herrlich glänzend, goldschimmernd hoben sich die Seerosen und Lilien aus der dunklen Schmutzschicht und dem angelaufenen Metall. Tutta nahm sich viel Zeit und seufzte vor Wonne.

Pimmi seufzte auch. Als der Lampenfuß zur Hälfte fertiggeputzt war, sagte sie:

»Jetzt mache ich weiter!« Und nahm Tutta den Lappen aus der Hand. Tutta schrie wütend auf, und ihre Brüder schimpften und grollten. Aber Pimmi sagte nur:

»Wenn du mir nicht sofort die Lampe und das Putzzeug gibst, Tutta, nehme ich dich nicht mit! Du weißt ja, was ich meine!«

Gleich war Tutta besiegt. Pimmi durfte den Lampenfuß fertigputzen, auch den Stiel, den Brenner und die Fassung für den Zylinder, die wie eine Krone aussah. Tutta mußte jetzt zusehen bei dieser herrlichen Arbeit, und ihre Brüder waren stumm vor Pimmis Macht.

»Du kannst das Glasding spülen, dort in der Pfütze!« sagte sie.

Tutta tat es.

»Du kannst jetzt Ninja das Putzzeug zurückbringen!« befahl Pimmi.

Und Tutta tat es! War dieser Schlüssel nicht wirklich ein Wunderding? Er gab ihr Gewalt über die wilde Tutta! Noch ganz anderes würde er zuwege bringen! Pimmi wußte das jetzt genau.

Doch nun war die Lampe fertiggeputzt, und Tutta

schmollte. Das Machthaben schien doch nicht so ganz vergnüglich zu sein. »Ich muß jetzt die Hunde kämmen, und dann muß ich sie füttern, und dann habe ich keine Zeit mehr«, sagte Tutta und zog sich hinter die Brüder zurück.

Pimmi wanderte zum eigenen Wagen hinüber und dachte darüber nach, ob Könige und Königinnen wohl auch so wenig Spaß am Herrschen hätten?

»Ich heirate vielleicht doch den guten Onkel Panelon«, sagte Pimmi zu Nauka. Die saß allein im Wagen und nähte.

»Rede keinen Unsinn!« sagte sie barsch und steckte ihr Nähzeug unter ein Federbett.

»Es wäre doch wirklich praktisch, wenn du Mateos Frau bist«, meinte Pimmi.

»Ich verbiete dir, noch ein Wort darüber zu sagen!«

»Aber . . .« fing Pimmi an. Dann fragte sie freundlich lächelnd: »Was nähst du, Nauka? Es sah wie ein Kleid für Sara aus. Wollen wir mit ihr spielen? Schnell, hol sie heraus! Niemand sieht es. Weißt du noch, wie schön es war, als wir beide allein unterwegs waren? Du warst so lieb zu mir, Nauka, du hast mich getragen, und du hast das Lied von den vier Winden und der kleinen Schwester für mich gesungen. Wir wollen spielen, es wäre wieder damals!«

Da begann Nauka zu weinen, so bitterlich, daß Pimmi erschrak. Sie drängte sich zu ihr und wünschte, der Schlüssel möchte Naukas Herz berühren.

»Ich kann nicht spielen, Pimmi. Sara ist nicht mehr bei mir, ich habe sie Mateo zurückgegeben«, sagte Nauka, und sie legte ihr Gesicht in Pimmis Haare. »Geh, Schwesterchen, laß mich allein. Ich möchte weinen, ganz viel weinen, aber niemand soll mich sehen.«

Leise zog Pimmi die Tür hinter sich zu. Sie war traurig, weil Nauka nicht bei ihr weinen wollte, Nauka, die sie in diesem Augenblick so liebhatte wie niemanden sonst auf der Welt. Aber Pimmi dachte: Ich will nicht traurig sein mit Pimmi, ich will traurig sein mit Nauka. Was für ein Zauber ist an Sara, daß Nauka ihretwegen weinen muß? Ach, alles ist wieder auf dem falschen Weg, und er ist naß von Tränen, wie dieser Weg vom Regen naß ist!

Sie wollte Nauka etwas schenken, damit sie wieder froh sein könnte. Sollte sie ihr den Schlüssel geben? Doch es war nicht gewiß, ob er auch in Naukas Hand ein Glücksding war. Sie mißtraute ihm überhaupt jetzt. Aber wenn man Nauka etwas Gutes zu essen brächte? Etwas besonders Gutes? Das half doch immer, wenn Pimmi traurig war! Sie lief zu Ninjas Wagen. Bestimmt würde Ninja, die Gute, ihr einen Lebkuchen für Nauka schenken, einen großen, ein Herz mit Blumen und einem von Onkel Jerkos schönen Sprüchen!

Die Tür von Tante Ninjas Wagen war verschlossen. Alle Erwachsenen saßen dort und besprachen etwas Wichtiges. Pimmi wurde fortgeschickt. Trübsinnig wanderte sie den schlammigen Weg hinauf und fing nun doch an, mit Pimmi traurig zu sein. Wollte sie nicht etwas Gutes tun, und man verjagte sie überall? Zu Tutta konnte sie nicht, weil Tutta beleidigt war. Dabei hatte sie ihr die Lampe so wunderbar geputzt! Dankbar sollte sie ihr sein! Der hartherzigen Migra hatte sie ihre Heiligen zurückgebracht, und noch nicht einmal eine Nase war daran abgeschlagen, so gut hatte sie auf alle drei achtgegeben, – aber Migra erlaubte noch nicht einmal Pimmis Augen, das kleine Kind anzusehen! Und Nauka, für die Pimmi alles tun wollte, auch Nauka schickte sie weg! Sollte sie fortgehen, ganz weit weg, und allein in die Welt hineinwandern? Die andern müßten dann traurig sein und sie suchen, und wenn man sie endlich gefunden hätte, würden alle sehr, sehr freundlich zu ihr sein. Aber war sie nicht gerade erst zurückgekommen? Nein, ganz allein wollte Pimmi sich lieber doch nicht verirren.

Aber regnete es nicht immer noch? Man konnte versuchen, sich ganz naß regnen zu lassen, und man würde vielleicht krank werden? Mit Kranken waren alle gut und liebevoll. Leider regnete es nur noch sehr wenig. Man mußte also warten.

Pimmi stellte sich an einen von den rostigen Drahtzäunen und wartete auf die nächste dicke Wolke.

Endlich fiel ihr Tereina ein. Ja, sie wollte Tereina besuchen! Das arme stumme Mädchen war immer freundlich mit ihr gewesen. Und die anderen konnten sie dann ein bißchen suchen, ehe sie zum Wagen zurückging.

Die Gadsche-Leute in der Baracke schickten Pimmi zur letzten Tür an dem langen, finsteren Gang.

Dreimal mußte sie klopfen. Drinnen wurde laut gestritten. Schließlich trat sie einfach ein und grüßte, wie es sich gehört bei einem ersten Besuch:

»Ich finde euch mit Gott!«

»Ah, – sieh an!« sagte der Mann. Es war etwas Widerliches in seiner Stimme, Drohung und Feigheit zugleich.

»Ich finde euch mit Gott!« sagte Pimmi noch einmal. Schließlich waren diese Menschen Zigeuner, wenn Pimmi sie auch jetzt schon nicht leiden konnte.

»Die Feierlichkeit kannst du dir sparen. Wir halten nichts von solchem Gewäsch!« sagte der Mann.

»Du bist kein guter Zigeuner, wenn du den Gruß nicht kennst!« sagte Pimmi.

Wütend kam er auf sie zu. Sie wich keinen Schritt vor ihm zurück, aber sie wagte nicht, ihn anzusehen. Die Frau stand an einem kleinen, schwarzen Herd und schob ihre Töpfe mit solchem Krach hin und her, als würde ein Essen davon schneller gar. Sie wandte Pimmi den Rücken zu, beobachtete sie aber scharf aus den Augenwinkeln.

Der Raum war schmal und langgestreckt. An der einen Wand stand ein Bett mit zerwühlten Decken auf schmutzigen Matratzen. Kein buntes Federzeug, kein weißes Laken. Der Tisch davor und der Fußboden waren mit zertretenen Speiseresten, Brotkrumen und Fettflecken verschmutzt. An der gegenüberliegenden Wand türmte sich ein Haufen von Hausrat, alten Koffern, Kleidern und Schrott. Pimmi rümpfte die Nase und dachte an die Unordnung in Tante Jerikas Wagen: Eine bunte, lustige Unordnung war das, und Jerika räumte jede Woche einmal alles aus und kippte unzählige Eimer Wasser in die Ecken. Dies war eine schmutzige, graue, übelriechende Unordnung. Der Mann hatte sich auf den einzigen Stuhl gesetzt, den es hier gab. Er schlug die Arme übereinander und sagte drohend:

»Wenn du jetzt alles gesehen hast, kannst du dich verziehen! Oder ich zeige dir, wie man frechen kleinen Kröten Beine macht!«

Doch gerade hatte Pimmi Tereina entdeckt. Sie saß unter dem Fenster auf einem Strohsack, hatte die Hände ineinandergelegt und versuchte ihr mühsames Lächeln.

Pimmi wollte zu ihr laufen, da riß der Mann sie hart zurück.

»Nichts da!« sagte er. »Die hat nicht zu grinsen, und niemand gibt ihr die Hand! Vorhin war euer schwarzer Räuber schon hier, der Puppenkerl! Dem habe ich meine Meinung gründlich gesagt. Das Stück da gehört uns! Wir geben ihr zu fressen, und dafür hat sie zu parieren. Wir brauchen sie fürs Geschäft, damit du es weißt: Ich bin Hausierer und habe einen ehrlichen Gewerbeschein! Aber die blöden Völker in der Stadt kaufen dem Weib lieber etwas ab, wenn sie mit dem elenden Mensch kommt. Und was tut sie? Entwischt uns gestern und näht Puppenkleider für ihren sauberen Freund. Puppenkleider! Hat man so etwas schon gehört? Aber die hat ihre Prügel gekriegt, und gründlich, Kröte, gründlich! Zu essen gibt es auch so bald nichts für die, soll uns zuschauen nachher, das wird ihr guttun. Wir sind nämlich anständige Leute, wir . . .«

»Nein!« schrie Pimmi ihm ins Gesicht. Sie war blaß, sie bebte vor Angst, aber noch wilder war jetzt ihr Zorn. »Du – du bist ein Tier! Ein Tier!« stammelte sie.

Der Mann schnappte nach Luft. Jetzt drehte die Frau sich um. Sie stemmte die Arme in die Hüften und stellte sich vor Pimmi auf: »Und in unserem Revier seid ihr gewesen, du und deine dreckige Schlampe von Mutter! In meinem Revier, ich habe es gesehen, und die Leute haben es gesagt! Als ob die eure schlechten Deckchen haben wollten!«

Rückwärts tastete Pimmi sich zur Tür. Starr und gespannt hob Tereina das Gesicht zu ihr. Sie spürte wohl all den Schmutz in den Worten, die sie nicht hören konnte. Ihre Lippen zuckten, sie stemmte sich hoch und streckte beide Hände nach Pimmi aus.

Wütend stieß der Mann sie zurück. »Ich will dir zeigen, Kröte, wie ich mit Leuten umgehe, die mir frech kommen!«

brüllte er. »Merk dir das, diese Hiebe bekommt sie für deine Frechheit! So! – und so! – und so! – und so!«

Und er schlug mit klatschender Hand in Tereinas wehrloses, zuckendes Gesicht. Sie bewegte noch nicht einmal den Kopf, duckte sich nicht weg. Sie hob nur wieder die Hände und winkte Pimmi, zu gehen.

Pimmi rannte schon. Laut schreiend vor Entsetzen, vor Angst und vor Ekel rannte sie den Gang entlang, stieß die Tür auf, platschte durch Pfützen und Morast, warf sich endlich, immer noch schreiend, gegen die Tür von Ninjas Wagen.

Mutter Savina fing sie auf.

»Er ist ein Tier! Er schlägt sie! Und ich habe es ihm gesagt, und dafür schlägt ... dafür schlägt ... er sie!« schluchzte Pimmi.

Dann lag sie auf Ninjas weichem, geblümtem Federbett. Mara und Savina, Jerika, Ninja und Migra streichelten sie und sprachen zu ihr mit sanften Stimmen und kleinen, guten, beruhigenden Worten:

»Nu, nu! Sei stille, sei stille!« sagten sie. »Komm, kleines Vögelchen, unser Kindchen, schwarzes Hühnchen, sei still, sei gut, wir sind da, sei bei uns!«

Erschrocken standen die Männer um das Bett, Vater Tino, Panelon, Mateo, Jerko und Juan.

Allmählich wurde Pimmi ruhiger. Hier waren Menschen, die sie liebten. Hier war Güte, Sauberkeit, Licht und Friede. Hier duftete es nach Lebkuchen und Kaffee, nach Veilchenparfüm und Kernseife.

Immer noch gestoßen und geschüttelt von Schluchzern, erzählte sie, was sie erlebt hatte.

»Ich habe es euch gesagt, er schlägt sie!« sagte Mateo düster.

»Kommt!« rief Jerko und ballte die Fäuste. »Wir werden ihnen zeigen mit unserer Männerarme Kraft ...«

»Schweig!« befahl Mara. »Jetzt ist nicht Zeit für große Worte. Es sind Leute von unserem Volk. Ich werde mit ihnen reden. Gebt mir meinen Stock!«

Wortlos folgten ihr die Männer und Frauen. Jerikas und

Migras Jungen und Tutta mit den Hunden wollten sich anschließen. Aber sie wurden zurückgeschickt. Auch Mateo durfte nicht mitgehen. Er war kein verheirateter Mann und zählte noch zu den Burschen. Migra ging als letzte aus Ninjas Wagen. Unter der Tür wandte sie sich um und sagte zu Pimmi:

»Sei lieb und schau nach meinem Kind, Pimmi! Ich weiß nicht, ob die Jungen auch gut achtgeben auf das Kleine.«

»Mateo!« rief Pimmi und war mit einem Sprung auf den Beinen. »Komm mit! Es ist das schönste, das liebste, das allersüßeste Kind!«

Die kleine Ehra schlief aber fest, und auch als Pimmi sie lange und gründlich zudeckte, wurde sie leider nicht wach. Pimmi setzte sich mit Mateo auf Migras Wagentreppe.

»Was tut Nauka? Ich habe sie heute noch nicht gesehen«, sagte Mateo und stopfte seine Pfeife.

»Sie näht ein Puppenkleid für Sara. Aber sie ist traurig dabei. Sie weint, weil sie Sara nicht mehr hat, glaube ich. Kannst du sie ihr nicht vielleicht leihen?«

»Hm«, machte Mateo.

»Du hörst mir wieder nicht zu. Du siehst immer nur zu den Baracken hinüber. Du denkst an Tereina, nicht wahr? Ich denke auch an Tereina.«

»Ja, ich denke an Tereina und ich denke an Nauka.«

»Überall sind falsche Wege, überall!« sagte Pimmi. »Falsche Wege und Tränen auf den Wegen.«

»Was sagst du?«

»Du hörst mir wieder nicht zu. Aber eigentlich müßte Nauka Sara haben. Kann man sonst wissen, ob der Puppe Sara das neue Kleid paßt?«

»Du hast recht«, sagte Mateo. Er stand auf und ging zum Karren hinüber. Mit Sara kam er zurück.

»Willst du sie Nauka bringen?« fragte er.

»Ja«, sagte Pimmi. »Und dann können wir jetzt wieder an Tereina denken. Hoffentlich verprügelt Mara-Mami das Tier mit ihrem Stock.« Mateo lächelte, schwieg und rauchte.

Drüben bei den Baracken standen die Männer und Frauen im Halbkreis vor dem Fenster. Allein war Mara hineingegangen. Bis nach draußen hörte man das dumpfe Pochen ihres Stockes auf dem langen Gang. Nun klopfte sie an die Tür und trat gleich danach ein. Kein Wort von den Leuten. Pochend wanderte Maras Stock weiter. Jetzt stieß sie das Fenster auf.

»Es stinkt bei euch!« sagte sie. »Nach Dreck und nach Bosheit stinkt es. Der Himmel soll hören, was ich euch zu sagen habe, und die da draußen auch!«

Sie zog Tereina zu sich heran. Alle konnten sie sehen: das blasse, verschwollene Gesicht, die wirren, strähnigen Haare. Sie starrte mit großen Augen auf die zornsprühende alte Frau. Was geschah jetzt mit ihr? Was wollte man ihr jetzt noch antun?

Aber Mara strich ihr die Haare aus der Stirn und küßte ihre Wange. Lautlos begann Tereina zu weinen. Seit sie ein kleines Kind war, seit ihre Mutter tot war, hatte niemand sie gestreichelt und geküßt.

»Wem gehört dieses arme Kind?« fragte Mara laut.

»Dir nicht!« schrie der Mann und wollte Tereina am Arm von Mara wegreißen. »Wir geben ihr zu fressen, und wir . . .«

»Schweig!« sagte Mara leise und sah ihn an. Er duckte sich.

Jetzt jammerte die Frau: »Haben wir sie nicht aufgenommen, als sie verlassen war? Haben wir ihr nicht Kleider und Schuhe gegeben, gutes Essen und ein Bett? Sind wir nicht selbst arme Leute? Aber wie leibliche Eltern haben wir für sie gesorgt, wie leibliche Eltern! Wenn sie reden könnte, sie würde es euch sagen! Aber Gott hat sie gestraft, wer weiß, was ihre Eltern Schlechtes getan haben, daß sie solch eine Mißgeburt . . .«

»Mißgeburt? Schweig!« donnerte Mara. Hochaufgerichtet, mit blitzenden Augen, stand sie da. Nun duckte sich auch die Frau.

»Dieses Kind gehört nicht euch. Niemandem gehört es. Jeder Mensch gehört nur sich selbst und dem Vater im Himmel. Wer aber einen Menschen verachtet, der beleidigt das Gesetz unseres Volkes, das Gesetz der Liebe. Hat euch das niemand gelehrt? Wer die Schwachen nicht schützt und ihnen nicht hilft, der beleidigt das Gesetz unseres Volkes, das Gesetz der Bruderschaft. Hat euch das niemand gelehrt? Wer einen Wehrlosen schlägt, verletzt oder tötet, der beleidigt das Gesetz unseres Volkes, das Gesetz des Lebens. Hat euch das niemand gelehrt?« Immer langsamer, immer leiser, aber immer drohender hatte Mara gesprochen.

»Niemand hat sie geschlagen, niemand! He, – frag sie doch, frag sie doch!« schrie der Mann und brüllte in krampfigem Gelächter.

Für einen Augenblick sank Mara in sich zusammen. »Das Kind hat recht, er ist ein Tier«, murmelte sie müde. Dann trat sie wieder ans Fenster.

»Männer und Frauen!« rief sie. »Wollen wir Recht sprechen über diese Menschen?«

»Wir wollen! Wir wollen!« riefen die anderen.

»Juan, willst du für Bubala sprechen, der nicht bei uns ist?«

»Ich will, Mara.«

»So frage ich euch, was soll geschehen mit dem, der dreimal das Gesetz beleidigt hat? Ich frage dich, Panelon, du bist der Älteste.«

»Frag nicht mich! Frag nicht mich!« flüsterte der alte Mann.

»Und doch frage ich dich, Bruder! Mögen alle es hören: Durch deinen Leichtsinn mußten Parni und die Kinder sterben. Aber dieser Mann und seine Frau haben Erbärmliches getan: Grausam und herzlos haben sie ein wehrloses, krankes Kind gequält. Was sollte geschehen mit ihnen? Sprich, Panelon!«

»Sie sollten geächtet werden«, sagte Panelon mit rauher Stimme.

»Tino, ich frage dich!«

»Sie sollten geächtet werden.«

»Jerko!«

»Sie sollten geächtet werden.«

»Juan für Bubala!«

»Sie sollten geächtet werden.«

»Mara-Mutter!« rief Jerika leise. »Hast du vergessen, was du tatest, als Panelon . . .«

»Du sollst nicht reden, ehe du gefragt wirst, Jerika! Aber sage mir, wie alt ist unser Gesetz?«

»So alt wie unser Volk. Dreimal tausend Jahre alt.«

»Savina! Was habe ich dich gelehrt, und was lehrst du deine Kinder, wenn du mit ihnen von unseren Gesetzen sprichst?«

»Sie sind heilig«, sagte Savina leise. »Unser Volk wird sterben, wenn wir die Gesetze verlassen.«

»Ninja! Du bist einfältig wie ein Kind. Sage mir, was größer ist als das Gesetz!«

»Sanftmut, Erbarmen, Güte«, murmelte Ninja. »Und Geduld!«

»Ja«, sagte Mara und strich eine weiße Haarsträhne unter ihr Kopftuch. »Sanftmut, Erbarmen, Güte und Geduld.«

Totenstill war es. Da zeterte plötzlich der Mann wieder los: »Ihr quatscht doch nur Blödsinn! Wer hält sich denn noch an die alten Gesetze, he? Wer denn? Ihr vielleicht? Überhaupt ist das hier meine Wohnung! Raus mit dir, Alte, sonst vergreife ich mich an dir!«

Mit drohendem Gemurmel schoben die Männer draußen sich näher ans Fenster. Mara hob die Hand, und sie schwiegen.

»Tu's nicht! Tu's nicht!« jammerte die Frau jetzt. »Liebe alte Mami, tu's nicht!«

»Nein«, sagte Mara verächtlich, »ich werde es nicht tun. Mein Kleid ist mir zu schade, deshalb. Ich müßte jetzt einen Fetzen von meinem Kleid reißen, um es diesem schlechten Mann dort an den Kopf zu werfen. Und dann würde niemand aus unserem Volke mehr die Hand heben, um euch Speise oder Trank zu reichen, niemand noch ein Wort mit euch sprechen, niemand euch begraben, wenn ihr tot seid. Aber ich werde es nicht tun. Um des alten Mannes willen, der dort draußen steht, werde ich es nicht tun.« Noch einmal richtete sie sich hoch auf:

»Hört mich an, meine Kinder dort draußen, und ihr hier, hört mich an! Ich habe noch nie einen Menschen verflucht.

Aber diese will ich verfluchen. Der große Vater möge es mir verzeihen und alles Böse fernhalten von meinen Kindern und Kindeskindern.« Mächtig hob sich jetzt die Stimme der alten Frau:

»Ich verfluche euch, daß kein Kind, sei es ein Kind unseres Volkes oder eines anderen Volkes, euch jemals noch vertraue. Sie sollen sich in den Röcken ihrer Mütter verstecken und in den Armen ihrer Väter, wenn ihr in ihre Nähe kommt. Kein Kind soll mit euch lächeln. Und ich verfluche euch, daß alle Tiere auf Erden, die Tiere der Luft, die Tiere des Wassers und die Tiere des Landes euch fliehen und fürchten. Kein Hund soll euren Schritten folgen, kein Kätzchen soll an eurem Ofen schnurren, kein Vogel soll für euch singen, und die Fische in den Bächen sollen sich unter den Steinen verstecken, wenn euer Schatten auf das Wasser fällt. Ich verfluche euch zur Feindschaft aller schwachen, aller unschuldigen, aller wehrlosen Geschöpfe, zur Feindschaft aller Kinder und aller Tiere!«

Hämisch lachte der Mann auf. Die Frau kicherte. Mara blickte sie nicht mehr an. Sie nahm Tereinas Hand und führte das Mädchen hinaus.

»Mara ist weise«, sagten die Männer und Frauen. Dann schwiegen sie und senkten die Augen, denn es ist immer furchtbar, wenn ein Fluch ausgesprochen wird. Trifft er den Verfluchten zu Unrecht, so wird er zurückfallen auf den, der ihn tat, und auf alle, die ihm nahe sind.

Müde und gebeugt trat Mara jetzt aus der Baracke.

»Ninja und Jerko«, sagte sie, »ihr habt keine Kinder. Wollt ihr Tereina zu euch nehmen?«

Gleich schloß Ninja das Mädchen in die Arme und weinte laut vor Rührung. Auch Tereina weinte. Jetzt verstand sie, was mit ihr geschah.

Auf dem Lagerplatz umringten die Kinder die Erwachsenen. Was hatte es in der Baracke gegeben? Aber niemand wollte viel darüber reden. Alle waren noch nachdenklich und ernst.

»Eßt nun und legt euch nieder«, sagte Mara. »Morgen reden wir weiter über unsere Pläne für den Winter.«

Am anderen Morgen waren die Verfluchten fort. Noch in der Nacht hatten sie ihre Habe auf den Motorradanhänger gepackt und waren im Morgengrauen abgefahren. Die Leute aus der Baracke erzählten es. Sie waren froh, die lauten und zänkischen Nachbarn los zu sein.

Mara sagte zu ihnen: »Es ist nicht gut, wenn unsere Leute seßhaft werden. Es ist gegen das Blut, es macht die Herzen schlaff und falsch. Aber nicht alle werden so. Denkt nicht, alle seßhaften Zigeuner wären wie diese. Ich kenne viele ordentliche Familien in den Städten überall, die nicht mehr wandern und doch noch streng an den alten Sitten und Gesetzen festhalten.«

»Gewiß!« sagten die Leute höflich. »Überall gibt es schlechte und gute Menschen, auch bei uns.« Die ernste alte Frau gefiel ihnen gut, sie nannten sie »Oma« und fragten sie in allerhand Dingen um Rat. Besonders die Frauen hatten Vertrauen zu ihr und brachten ihr ein krankes Kind.

»Es hat Ohrenschmerzen«, sagte Mara, »deshalb weint es. Seht ihr, wie es sich mit den Händchen an den Kopf greift? Legt trockene, warme Kamillen darauf, aber dann bringt es zum Arzt. Ich bin keine Heilkundige, nur eine alte Mutter.«

»Es ist gut von euch, daß ihr das arme taubstumme Mädchen von denen weggeholt habt«, meinte eine Frau. »Manchmal dachte ich, sie wollten das Kind totschlagen. Dabei muß sie doch wohl schon achtzehn Jahre alt sein?«

»Sie ist etwas jünger«, sagte Mara. »Ich habe es an ihren Zähnen und ihren Händen gesehen. Aber du hast recht, ihre Augen sind alt. Viel älter noch.«

»Etwas ist seltsam«, sagte die Frau. »Unsere Kinder haben sich wohl immer schon vor diesen Leuten gefürchtet. Aber heute morgen, als sie abfuhren, waren alle unsere Tiere so aufgeregt, als sollte es ein Gewitter geben.«

»Erzähle!« riefen Ninja und Jerika, die mit Mara gekommen waren.

»Ich hatte gerade den Hund herausgelassen und den Hühnerstall aufgeschlossen. Der Struppi hat zuerst den Kerl angebleckt und ist auf ihn losgefahren mit gesträubten

Haaren. Ich dachte schon, er wollte ihn beißen und rief ihn zurück. Er hörte nicht, sondern umkreiste nur immer das Motorrad mit Knurren und Jaulen. Als er auf drei Schritte an den Mann herangekommen war, schoß er plötzlich zurück, als hätte ihn ein Schlag oder ein Stein getroffen. Er rannte ins Haus und lag zitternd und winselnd unter dem Bett, bis die Leute fort waren.

Mit den Hühnern war es noch merkwürdiger, finde ich. Die kümmern sich sonst doch nicht darum, wer auf dem Weg ist, schon gar nicht frühmorgens, wenn man sie hinausläßt. Sie schreien und flattern immer schon ganz ungeduldig, bis ich komme. Aber heute wagten sie sich nicht die Leiter hinunter. Und ich hatte doch schon Futter gestreut und die Wassernäpfe gefüllt! Nein, sie wollten nicht ins Freie, solange die beiden noch draußen herumgingen und ihren Kram packten. Ich wollte sie scheuchen, aber sie hockten mit verdrehten Augen auf den Stangen und taten keinen Piepser. Kaum war das Motorrad um die Ecke, da schossen sie nach unten, scharrten, kratzten und pickten wie immer. Was sagt ihr dazu?

Unsere Kaninchen kamen mir auch ängstlicher vor als sonst. Sie drängen sich doch an den Draht, wenn ich morgens komme, und warten auf ihr Futter. Heute verkrochen sie sich im dunkelsten Winkel und schnupperten aufgeregt. Ich denke, es müssen sehr böse Menschen gewesen sein, wenn die Tiere sich so vor ihnen gefürchtet haben. Das war mir nur bis jetzt noch nie aufgefallen.«

Mara und ihre Töchter schwiegen und blickten auf ihre Hände.

»Könnt ihr euch das erklären?« fragte eine andere Frau.

»Man kann es nicht erklären«, sagte Mara und stand auf. Denn wie soll ein Mensch die Gewalt des gerechten Fluches verstehen? Das konnte auch Mara nicht. Es lag immer noch wie eine Last auf ihr, daß sie die furchtbarste Kraft ihres Herzens als Waffe gegen lebende Menschen benutzt hatte. Denn ihr Herz war gütig und sanft. Sie hatte das Gerechte getan, um eine Unschuldige und Wehrlose zu schützen. Sie bereute es nicht, aber es schmerzte sie doch, und es erschreckte sie, zu erfahren, welche Macht ihr Fluch gehabt hatte. Doch nun war er nicht mehr bei ihr und ihren Kindern, er folgte den Verfluchten.

»Gott möge ihnen gnädig sein!« murmelte sie. Dann redete sie von anderen Dingen mit den Leuten. Die Frauen waren nämlich gekommen, um über den Wohnraum zu sprechen, der nun frei geworden war. Gestern schon hatte man in Ninjas Wagen beschlossen, in einer anderen Baracke zwei kleine Räume für Jerika und ihre Kinder zu mieten. Sie brauchten ein festes, heizbares Winterquartier. Auch von Panelon und Mateo war die Rede gewesen, die mit ihnen dort wohnen sollten. Gestern hatten Tino und Savina sich dem Plan widersetzt. Einen Grund dafür hatten sie nicht angegeben. Trotzdem wußten alle, daß sie Mateo nicht so nah bei Tereina wissen wollten. Weil Tereina aber nun bei Ninja und Jerko blieb, fanden alle es gut, daß die beiden Männer den freigewordenen Raum beziehen und Jerika die beiden anderen Zimmer bekommen sollte.

Jerko wurde mit dem Auto in die Stadt geschickt, um mit der Behörde über die Mietfrage und die Unterstützung für alle Familien zu sprechen. Er stolzierte schon im Sonntagsanzug zwischen den Wagen umher und prahlte, wie er dort auftreten und mit welcher Leichtigkeit er alles Gewünschte erreichen wollte. Mara bestimmte aber, daß Mateo ihn begleiten sollte, denn Jerko könne wohl reden wie ein Buch, aber keine Zeile lesen oder schreiben. Das mußte Jerko zugeben.

»Aber ich werde ihnen die Wahrheit sagen!« rief Jerko.

»Natürlich«, sagte Mateo und lachte. »Nur mußt du auch bei der Wahrheit bleiben!«

»Lüge ich vielleicht?« fragte Jerko empört.

Mara-Mami lächelte und zupfte an seinem grellbunten Schlips. »Du sagst immer gleich die doppelte Wahrheit, mein Freund. Und die Leute auf den Behörden haben sie lieber einfach!«

Alle waren fröhlich heute, und Tino grüßte sogar Mateo und winkte dem Auto nach. Mußte man nicht dankbar sein, weil das Böse vertrieben war?

Die Frauen schwemmten schon Ströme von Seifenlauge durch die Barackenzimmer und schrubbten und scheuerten mit Juans schärfsten Bürsten und Besen. Alle halfen dabei, auch die Jungen. Ninja hatte hier zu befehlen. Sie verteilte Seifenpulver und Putzmittel, betrachtete argwöhnisch jeden Winkel und jeden Zentimeter Fensterglas und war schwer zufriedenzustellen.

»Der Teufel sitzt im Schmutz!« rief sie bei jedem Staubkorn, das irgendwo noch zu entdecken war.

»Und der Putzteufel in Ninja!« flüsterte Hotolo dem jungen Juan zu. Sie entwischten den Frauen und gingen mit Tino zum Schrottplatz.

Der erhandelte dort für wenige Groschen drei alte, eiserne Öfen, durchgerostet und halb zusammengebrochen. Jeder lud sich einen davon auf die Schultern. Juan und Hotolo machten einen Wettlauf mit ihrer Last, – aber als sie ins Lager kamen, waren beide so höflich, daß keiner den anderen verlieren lassen wollte. Schließlich stolperten sie vor lauter Zuvorkommenheit und purzelten mit den Öfen in den Morast. Was danach an den Trümmern noch brauchbar war, brachten sie zu Tinos Arbeitsplatz hinter den Wagen.

Denn Tino war nicht nur Musiker, sondern auch Schmied, Kunstschmied, Kupferschmied eigentlich. Er brauchte nur seine Hämmer und ein paar Bleche, keinen Amboß und kein Feuer. Die Kaltschmiedekunst war ein uraltes Handwerksgeheimnis seines Stammes. Die Regeln dieser Kunst wurden nur vom Vater dem Sohn weitergegeben, kein Fremder erfuhr sie je. Tino erlaubte auch nicht, daß die großen Jungen ihm zusahen, er schickte sie fort, Bleche, Nieten oder Werkzeuge zu holen, sobald sie in seine Nähe kamen. Aber Branko hockte neben ihm und merkte sich jeden Handgriff und jeden Hinweis, den der Vater ihm gab. Manches durfte er sogar schon allein tun. Er war nun elf Jahre alt und sollte nicht nur Gitarre spielen können, wenn er ein Mann wurde.

Gegen Abend war der Umzug beendet. In Panelons und Mateos Stube lagen bunte Decken und Kissen über den frisch gefüllten Strohsäcken. Am Fenster stand etwas, das sah fast wie ein richtiger Schreibtisch aus. Juan, der Vater, hatte es zusammen mit Panelon aus den Resten eines alten Klaviers gezimmert. Der Schrottplatz mit seinem Gerümpel war wirklich eine Fundgrube! Auf dieses Möbelstück waren Panelon und Juan mindestens ebenso stolz wie Tino auf seine Öfen, in denen schon das erste Feuer prasselte. Migra, Savina und Ninja hatten Glut aus ihren Öfen gebracht und einen alten Feuerspruch dazu gesprochen.

Migra heftete schnell noch mit Reißnägeln ein Bild an die Wand. Es war einer von ihren vielen Heiligen: Georg mit dem Drachen, der sich unter dem Speer des Ritters wand und furchtbare Feuergarben spie. Sie meinte, dies könnte nichts schaden, weil in diesem Zimmer doch noch gestern zwei schlimmere Drachen gehaust hatten.

Bei Jerika türmte sich wie immer die alte, vergnügliche Unordnung. »Ist es nicht wunderbar bei uns? Ist es nicht gemütlich?« rief sie stolz und ließ ihren Arm kreisen über den bunten Bettzeugbergen, den Hundekörben, den Kleiderhaufen, den Hausratgebirgen.

Ninja seufzte nur. Gegen Jerikas Unordnung gab es kein Heilmittel. Aber sauber war es hier, das konnte jeder riechen!

Nebenan, in Jerikas zweitem Zimmer, hatten die Jungen ein Zelt aufgeschlagen.

»Wie kann man in einem Zimmer schlafen?« fragten sie. »Es zieht hier ja überall!« Pimmi, Tutta und alle fünf Hunde krochen vergnügt aus und ein und wälzten sich auf den Federbetten unter der Plane.

Natürlich feierte man wieder ein Fest an diesem Abend. Dankbar und fröhlich wollten sie sein und mit Lachen und Lärmen alle schlechten Geister aus der neuen Winterbehausung vertreiben. Sie brachten auch alle ihre Tiere mit, die Hunde, die Hühner und das Kätzchen Macki. Sogar Ringelblume wurde an die Fenster geführt, damit sie ihre guten Augen freundlich auf allem ruhen lassen konnte. Denn die Tiere, die bei den Menschen wohnen, sind voller Unschuld und Güte und beherbergen gute Geister. Übrigens hatte Panelon für seine brave Ringelblume einen alten Schuppen mieten können, etwas eng und auch nicht ganz regendicht, aber die Stute war genügsam und dankbar. Die Winterruhe sollte ihr guttun.

Zuerst saßen alle bei Jerika und aßen, was sie sich mitgebracht hatten. Die Kinder tauschten ihre Butterbrote, Käsestücke und Wurstenden untereinander. Ein großes Mahl gab es heute nicht, niemand hatte Zeit gehabt, zu kochen. Auch mußten sie nun sparsam sein, der Winter würde eine hungrige Zeit werden. Aber die Männer brachten Weinflaschen mit, gerade genug, daß jeder ein Glas trinken konnte. Selten tranken sie mehr.

Aber was ist ein Fest ohne Wein? Auch die Kinder durften wieder ein paar Schlucke mittrinken.

Später gingen sie zu Mateo hinüber. Der hatte sein Puppentheater aufgeschlagen und spielte ein Stück, in dem ein Ritter vorkam, der den bösen Drachen besiegte, von dem die schöne Prinzessin gefangengehalten wurde. Migra war sehr stolz und sagte immer wieder:

»Seht ihr! Das hat er auf meinem Bild gesehen! Mein Bild hat ihn auf den guten Gedanken gebracht!«

Auch die anderen lobten das Spiel sehr und meinten, Mateo hätte es gut ausgewählt. Nur Nauka schwieg dazu. Sie dachte, Mateo hielte sich wohl selbst für den Ritter und die schöne stille Tereina für die befreite Prinzessin? Dann wollte er sie wohl auch zur Frau nehmen, wie es im Puppenspiel geschehen war? Mit abweisendem Gesicht saß sie in der Ecke und blickte niemanden an.

Da rief Pimmi: »Nauka kann das auch! Sie kann so wunderschön die Puppe Sara tanzen lassen!« Der Wein hatte sie lustig und gesprächig gemacht. Ihr kleines Gesicht glühte vor Eifer, den anderen zu erzählen, wie wunderbar die Puppe Sara in Naukas Händen tanzen konnte. Sie spürte, daß Nauka bedrückt war und wollte ihr eine Freude machen.

»Sei still, Pimmi!« bat Nauka.

»Laß die Puppe tanzen! Laß sie tanzen, Nauka!« riefen die anderen.

Nauka suchte Mutter Savinas Augen. Sie nickte ihr zu. Sollte Mateo nicht sehen, wie tüchtig ihre Tochter war? Wieder saß er heute neben Tereina.

Nauka suchte Vater Tinos Augen. Sie gaben ihr den gleichen Befehl. Er hatte dieselben Gedanken wie Savina. Nur waren es bei Savina traurige und ratlose Gedanken, bei Tino zornige und trotzige.

Nun stand Nauka auf und ließ sich von Mateo die Puppe Sara geben.

»Singst du das Lied von den vier Winden und der kleinen Schwester?« fragte Pimmi.

»Nein, ich singe ein anderes Lied.«

Nauka trat hinter die Puppenbühne, und Mateo löschte das Licht. Zum erstenmal führte Nauka eine Puppe über die Bühne. Wohl hatte sie früher oft bei Mateos Aufführungen geholfen, aber immer nur die Puppen zugereicht und die Beleuchtung bedient. Nun stand sie unsichtbar für die anderen hinter der Rampe, und Sara allein war im Licht. Noch nie hatte Sara so getanzt wie heute – noch nie war sie so sehr Nauka gewesen. Sie spürte es selbst, wie gedankenlos ihre Hände die Drähte führten, wie es Sara war, die Nauka führte, wie es Sara war, die sang – und wie sie selbst in Sara tanzte und sang:

»Rote Bänder gab mir Fero,
rote Bänder flocht' ich in mein Haar.
›Hörst du, wie im Saal die Geigen singen?
Meine Schöne, willst du mit mir tanzen?‹

Lichter brennen in den Wagen,
helle Lichter leuchten in dem Saal.
Warten will ich auf der Wagentreppe,
Fero, ach, wann kommst du, mich zu holen?

Alle tanzen schon dort drüben,
alle tanzen, und die Geigen rufen!
Alle Mädchen lachen schon und drehn sich,
alle scherzen schon mit ihren Burschen!

Ach, ich seh' es durch das Fenster:
Fero tanzt und lacht mit einer andern!

Seine Zähne glänzen wie Perlmutter,
seine Haare sind wie schwarze Seide!

Tränen sind in meinen Augen, –
Fero, siehst du mich am Fenster stehn?
Krumme Füße, Fero, hat die andre,
häßlich ist ihr Mund, ihr Herz wie Asche!

Kommst du morgen, mich zu grüßen,
lass' ich dich im Regen stehen, Falscher!
Lass' dich draußen vor dem Wagen warten,
lausche hinterm Fensterchen und lache!

Eine Stunde sollst du warten,
eine halbe wird schon lang genug sein, –
eine Viertelstunde, ja, das schwör' ich! –
wenn du morgen wiederkommst, mein Fero!«

So sang Sara, so sang Nauka. Zum Schluß klatschten alle im Takt mit den Händen, denn es war ein altes Lied, das sie alle kannten.

Es wurde wieder hell in der Stube. Nauka gab Mateo die Puppe zurück.

»Du bist eine sehr, sehr gute Puppenspielerin, Nauka!« sagte er und sah sie lange an. Aber Nauka verbarg ihre Augen vor ihm. »Ich möchte dir die Puppe Sara schenken. Eigentlich gehört sie doch dir! Ich muß nur erst einen Ersatz für sie haben, eine neue Tanzpuppe.«

Da blickte Nauka auf, blaß bis zu den Lippen:

»Wirst du die dann . . .«, fing sie an und tat einen tiefen Atemzug.

Sie wollte fragen: Wirst du die dann nach dem Gesicht der schönen Tereina schnitzen? Aber sie schwieg nun. Alle in dem kleinen Raum schwiegen. Ein Schatten war über ihre Fröhlichkeit gefallen. Keiner von ihnen konnte je einen großen Kummer oder eine große Freude für sich allein haben. Sie waren sich zu nah, jeder spürte des anderen geheimen Herzschlag.

Laut sprach die alte Mara in die Stille: »Die alten Lieder enden doch fast immer mit Fröhlichkeit! Meint ihr nicht auch, daß Fero gekommen ist? Meint ihr nicht, daß er geduldig im Regen gewartet hat, eine Viertelstunde, eine halbe, eine ganze?«

Nun lachten sie alle wieder und redeten über die alten Lieder. Aber es war ein gezwungenes Gespräch und ein halbes Lachen. Nauka, Savina, Tino und Mateo sagten auch kein Wort dazu.

»Wir wollen wünschen, daß auch dieser Winter so zu Ende geht. Er hat mit genug Traurigkeit und Aufregungen angefangen. Ich bin müde, meine Kinder. Wir wollen uns niederlegen«, sagte Mara.

Winter und Frühling

»Mnod! Mond! Mond!« flüsterte Pimmi und schlich hinter Migras Wagen. So schön und still stand dort oben die helle Sichel im Blauen! Hier unten war wieder einmal alles schwierig und voll falscher Wege. Pimmi wußte sogar genau, daß sie selbst jetzt auf einem falschen Weg war.

Ach, Schnee lag auf dem Lagerplatz, weißer Schnee auf den kleinen Gärten, kühler Schnee auf den dunklen Baracken und den Wagendächern. O langer Winter: trübe Tage, angelaufen und blind die kleinen Fensterscheiben, Ruß vom blakenden Ofen auf Tisch und Bett! Eisiger Winter: Feindschaft zwischen den Menschen im Lager, Feindschaft in der Sippe! Da ging Mateo alle Tage mit Büchern und Heften von der Baracke zu Ninjas Wagen. Tereina lernte lesen und schreiben bei ihm. Nun konnte sie sprechen mit kleinen, krausen Zeichen auf weißem Papier! Jeden Tag wurde sie fröhlicher. Mußte deshalb Feindschaft kommen? Es war oft schwer, die Erwachsenen zu verstehen. Warum wollten sie nicht, daß Tereina von Mateo schreiben und lesen lernte?

Auch Nauka wollte es nicht, das war leicht zu merken, wenn sie am Fenster saß und Mateo über den Platz gehen sah. Jeden Tag wurde sie trübsinniger und blasser. Was hatte Tutta gesagt?

»Die platzt vor Eifersucht! Sie ist eifersüchtig wie ein Affe!«

Und Pimmi hatte wütend den gläsernen Zylinder von der schönen Lampe an die Wand geworfen. Denn Tutta hatte recht, und deshalb war Pimmi nun auch ärgerlich auf Nauka.

Schrecklicher Winter! Bubala war aus dem Gefängnis gekommen. Man feierte ein Fest für ihn, aber er trank zuviel Wein und zerschlug Jerkos prächtige, lange Nase im Streit. Bubala hatte Jerko noch niemals leiden können. Aber Jerko machte sich auch immer lustig über Bubala, das sollte er nicht tun. War es Bubalas Schuld, daß er dumm sein mußte? Aber was hatte Tutta dazu gesagt?

»Mein Vater hat es für Nauka getan! Herrlich hat Jerko geblutet, ganz herrlich!«

Wie sollte man das alles verstehen? Weil Tereina lesen lernte, gab es Streit unter den Erwachsenen? Für Nauka zerschlug Bubala Jerkos Nase? Und vorhin waren die Eltern mit Jerika und Bubala in Migras Wagen gegangen. Pimmi wollte sich mit hineindrängeln, aber man schickte sie fort. »Wir haben etwas zu beraten! Lauf zu den Kindern, spiel mit Tutta drüben in der Baracke!«

Was wollten sie beraten – ohne Mara-Mami, ohne Panelon und Mateo, ohne Ninja und Jerko? Das wollte Pimmi erfahren.

Aber die Wände von Migras Wagen waren gut gefügt, kein Wort konnte man verstehen. Am Schlüsselloch mochte sie nun auch nicht gerade horchen. So kroch Pimmi also mit einem kleinen Ächzer in die Finsternis unter den aufgebockten Wagenrädern, betrachtete noch einmal sehnsüchtig den schönen hellen Mond über dem Bahndamm, flüsterte noch einmal: »Mond! Mond! Mond!«, weil er nun sah, was Abscheuliches sie tat, die Lauscherin, und zog dann endlich den Kopf ein.

Ja, dieser Platz war gut. Jedes Wort konnte man verstehen.

Migra sprach gerade.

»Aber ihr könnt es doch nicht tun gegen den Willen eurer alten Frau!« sagte sie erschrocken. »Das dürft ihr nicht!«

»Sie weiß nichts davon, also geschieht es auch nicht gegen ihren Willen.«

Das war Jerika.

Oho! dachte Pimmi. Das muß ich mir merken. Ich krieche hier unter euren Füßen umher, ihr wißt nichts davon, also ist es nicht schlimm. Gut, gut! Aber was wollten sie vor Mara-Mami verheimlichen?

Das konnte nichts Gutes sein!

Vater Tino redete jetzt: »Wir wissen, daß es gegen die Sitte ist. Aber handelt Mateo nicht auch schon lange gegen die Sitte? Wir sehen keinen anderen Ausweg. So wie es jetzt ist, kann es nicht weitergehen. Mateo beleidigt Nauka und uns. Sein Vater, Jerko und Ninja, sehen zu und verbieten ihm nicht, was er tut. Ginge es nach den alten Gesetzen, dann müßten wir ein großes Gericht einberufen oder sie zum Kampf fordern.«

»Fordern! Jawohl!« schrie Bubala. Krachend schlug er mit der Faust auf den Tisch. Donnernd bearbeiteten seine Füße den Boden. »Wir fordern sie!«

Pimmi duckte sich vor Schreck. Erdklumpen, Spinnweben und Staub prasselten ihr in den Nacken.

»Bubala!« sagte Mutter Savina vorwurfsvoll. »Ist es nicht schlimm genug, daß du dich schon mit Jerko geschlagen hast? Nun ist Blut geflossen, und die Schuld bleibt auf unserer Seite.«

»Schlagen, jawohl! Schlagen muß man sich! Blut soll fließen! Damit sie endlich Anstand lernen, die Großschwätzer! Pah, – Jerko! Mateo! Mit einer Hand ...«

Pimmi seufzte und flüsterte: »Er ist dumm. Es ist wahr. Ein Schafskopf.«

Oben im Wagen sagte Juan, bedächtig und leise, wie es seine Art war: »Wenn du nicht Ruhe gibst, Bubala, müßt ihr draußen im Schnee weiterreden. Dann könnt ihr euch auch woanders nach Geld für Treiböl umschauen. Wir haben keine Lust, noch tiefer in eueren Streit hineingezogen zu werden, meine Migra und ich. Wir sind friedliche Leute.«

»Immer Bubala! Immer mein Bubala!« rief Jerika ärgerlich. »An allem soll er Schuld haben! Jerko hat ihn gereizt, das Froschmaul!«

Pimmi mußte leise lachen. Froschmaul! Bubala brummte noch etwas, das konnte sie aber nicht verstehen.

Vater Tino sagte: »Ich bitte dich, Juan, nimm ihn nicht ernst. Wir brauchen deine Hilfe. Es ist fest beschlossen, daß wir fahren. Denkt auch an Savina. Wir wollen nicht, daß es hier zwischen lauter Zank und Falschheit ankommt. Migra wird das verstehen.«

Migra sagte: »Das verstehe ich gut. Und deshalb wollen wir euch helfen. Nur deshalb, nicht wegen Naukas dummer Eifersucht oder Tinos Starrsinn.« Diese Migra mußte doch immer sagen, was sie dachte! Aber was verstand sie gut? Was sollte ankommen?

Pimmi verstand gar nichts. Nun sagte Vater Tino:

»Wir fahren also. Die alte Frau wird es erst merken, wenn der Wagen rollt. Von euch erbitten wir nur, daß ihr bis dahin schweigt, bis übermorgen.«

Das verstand Pimmi. Also der Wagen sollte rollen! Sie wackelte mit den Zehen vor Ungeduld. Bald! Bald sollte der Wagen rollen! Aber wohin? Sie lauschte. Weiter sprach der Vater:

»Bestimmt können wir euch das Geld für das Treiböl zurückgeben, wenn wir uns später beim Sarafest treffen. Wir werden ja lange unterwegs sein. Wenn es kommt, haben wir einen größeren Aufenthalt. Hoffentlich weit unten im Süden, wo die Sonne scheint!«

»Ja«, sagte Savina. »Hoffentlich!«

Pimmi hörte nicht mehr zu. Sarafest! Süden! Wunderbare Bilder stiegen auf in ihr: Sonniges Land, Hügel, braun und golden, ein Himmel, klar wie Edelstein, leuchtender, glitzernder Strom im Tal, silberblättrige Bäume an den Hängen, Türme, schwer und dunkel unter dem Zinnenkranz, Mauern, Brücken, ruheloser Wind über gewellter

Grasfläche, und Pferde, Pferde, wilde, weiße Pferde! Ja, auch ein Festplatz, wimmelnd, bunt, ein dunkel gehöhlter Kapellenraum, Kerzenflackern, aber ringsum, zwischen Erde und Meer und Himmel die Wildnis mit den weißen Pferden! Sie tastete nach dem Schlüssel, preßte sich fester gegen die Erde, um ihn härter zu spüren.

Weshalb hatte sie nicht eher daran gedacht? Als kleines Kind war sie dort gewesen, beim Sarafest im Süden. Und nun wußte sie, weshalb ihr der Schlüssel von weißen Pferden gesprochen hatte: In jenem Lande sollte sie das Tor finden. Es gab keinen Zweifel mehr.

Geschmeidig wie eine Katze wand sie sich wieder unter dem Wagen hervor, reckte die Arme, rief leise, triumphierend: »Mond!« und huschte zum grünen Wagen hinüber.

Branko stürzte ihr aufgeregt entgegen: »Sie ist ein Hahn! Sie ist ein Hahn!« schrie er und schwenkte ein wütend kreischendes Federvieh, Dschabris zweite Schwester! »Kümmerst du dich eigentlich gar nicht mehr um deine Hühner?«

»Ich habe mich um viel wichtigere Sachen zu kümmern«, sagte Pimmi und stieg auf ihr Schlafbrett.

Mara und Nauka saßen am Tisch und spielten Dame. Lustlos und mißmutig schob Nauka die Steine.

»Erlaubst du, daß ich Claude und Dschabris Bruder zum Kämpfen abrichte?« fragte Branko.

»Natürlich«, sagte Pimmi. »Wenn ihr nur immer etwas zum Kämpfen habt, ihr Männer!«

Mara lachte leise.

Nachdenklich sagte Pimmi: »Ich glaube, Mateo hat es schon längst gewußt, daß Dschabris zweite Schwester Dschabris Bruder ist.«

Hart setzte Nauka einen Stein. Branko nutzte die günstige Gelegenheit:

»Schenkst du mir die beiden Hähne?«

»Ich schenke sie dir«, sagte Pimmi großzügig.

Branko rannte zur Tür. »Ich muß sie ... ihn den Jungen zeigen!«

»Geh auch zu Tereina!« rief Pimmi ihm nach. »Sie mag doch die Hühnchen so gut leiden!«

Ratsch! fegte Nauka alle Steine vom Spielbrett. Mara-Mami seufzte und sah Pimmi vorwurfsvoll an.

»Schade«, sagte Pimmi. »Du hättest bestimmt gewonnen, Nauka. Hattest du nicht weiß? Die weißen Pferde gewinnen immer.«

»Du willst mich kränken! Alle wollen mich kränken!« rief Nauka und lief zur Tür.

»Halt!« sagte Mara. »Wohin?«

»Zu Migra und Juan. Dort ist wenigstens niemand, der mich ärgern will!«

Krachend flog die Tür zu.

»Weshalb willst du Nauka weh tun?« fragte Mara.

Pimmi sprang vom Schlafbrett und hob die Steine auf.

»Ich muß allein mit dir sprechen, Mara-Mami.«

»Dann sprich.«

Aber wie sollte man anfangen? Vorsichtig fragte Pimmi:

»Manchmal tut man etwas Schlechtes, wenn man etwas Gutes tun möchte.«

»Ja, Pimmi. Das kann geschehen. Aber ich glaube nicht, daß du etwas Schlechtes getan hast.«

»Wenn man lauscht, und man erfährt etwas, darf man dann darüber reden?«

»Man redet nicht über das, was verschwiegen bleiben soll. Man lauscht auch nicht«, sagte Mara ernst.

Pimmi seufzte. »Man hat einen Schlüssel. Aber man weiß nicht, wo das Tor ist, man weiß nicht, wie man es aufschließen soll. Eine alte Frau weiß es vielleicht?«

»Du mußt deutlicher reden.«

»Ich darf doch nicht!«

»Dann schweig!«

Pimmi seufzte noch tiefer. »Ich werde nun geradeaus reden. Du verstehst meine Umwege nicht.«

Mara seufzte nun auch. »Du bist müde, Pimmi. Geh schlafen!«

»Und wenn man aufwacht, rollen die Räder!«

»Unsinn!«

»Aber ich habe doch gelauscht!« rief Pimmi verzweifelt. »Übermorgen, wenn wir aufwachen . . .«

»Komm!« Und Mara stellte Pimmi zwischen ihre Knie. »Nun sag, was du weißt.«

Das tat Pimmi. Mara schwieg und ließ sie reden. Als Pimmi fertig war, sagte sie leise: »Er muß es wissen.«

»Ja«, sagte Pimmi. »Das habe ich auch gedacht. Darf ich?«

Mara nickte. Sie nahm aus ihrer Kleiderkiste ein großes, schwarzwollenes Tuch mit langen Fransen und legte es über Pimmis Kopf und Schultern. Sie kreuzte die Enden vor der Brust und machte im Rücken einen festen Knoten.

»Er wird bald hinübergehen zu Ringelblume. Vielleicht mußt du warten.«

Mit der Türklinke in der Hand fragte Pimmi: »Mara-Mami, was ist ›es‹? Was wird ankommen?«

»Warte, warte!« flüsterte Mara. »Du wirst sehr froh sein.«

»Ist es ein Geheimnis oder eine Überraschung?«

»Beides, Pimmi. Lauf jetzt!«

»Aber wir beide«, sagte Pimmi strahlend, wir haben auch ein Geheimnis! Und du bist so alt, und ich bin so klein. Ist das nicht wunderbar?«

Mara lächelte. »Es ist wunderbar, Pimmi.«

»Alle Geheimnisse sind wunderbar!« flüsterte Pimmi. Schon schloß sich der Schatten unter dem Bahndamm um ihre kleine dunkle Gestalt.

Nicht lange danach ging Mateo mit einem Bündel Heu, einer Wagenlaterne und einem Hafersäckchen zu Ringelblumes Stall. Er zog die knarrende Schuppentür auf, hängte die Laterne an einen Balken und stellte den Eimer ab.

»Guten Abend, meine Alte!« sagte er. »Heute gibt es sogar Hafer. Mit dem Heu müssen wir sparsam sein. Der Winter geht bald zu Ende.«

Da sprach eine hohle, flüsternde Stimme von dorther, wo Ringelblumes Kopf und das kleine Schuppenfenster waren:

»Ja! Ja! Ja! Zu Ende geht er bald, der Winter! Das Heu ist sowieso schon alt und stockig. Laß uns wieder fahren, Mateo! Dort, wo die heilige Sara wohnt, am Meer, sind schöne Wiesen! Die Sonne scheint dort, und meine wilden weißen Brüder grasen hinter dem Tor zum Glück! Warte nicht länger, nein, nein, nein! Warte nur noch einen Tag. Denn die Motorwagen werden heimlich aufbrechen. Heimlich bei der Nacht! Bald, bald, bald! Ja, ja, ja!«

Mateo hatte zuerst erschrocken, dann kopfschüttelnd zugehört. Nun lachte er. »Pimmi, du Racker!«

Er nahm die Laterne und beugte sich damit aus dem Fenster. Nichts. Nur der Mond stand über dem Bahndamm, schön und still. Nachdenklich kraulte Mateo Ringelblumes Stirn.

»Verstehst du, was sie gesagt hat?« fragte er. »Heimlich wollen sie fort? Kann das Naukas Wille sein?«

Schurrend rutschte eine Schneelast vom Schuppendach. Mit Gurgeln und Plätschern rannen kleine Schmelzwasserbäche vom Bahndamm.

Am nächsten Morgen hatte Dschabri ihr erstes Ei gelegt, ein makelloses, kleines, weißes, weißes Ei! Die Aufregung im Hühnerkorb war groß. Dschabri wich keinen Zentimeter von ihrem Wunderwerk.

Pimmi mußte Ei und Huhn zusammen im Lager umhertragen, denn alle sollten dies doch sehen!

Die Eltern und Mara-Mami freuten sich sehr mit Dschabri und Pimmi. Sogar Nauka war freundlich und rechnete für Pimmi aus, wieviel Eier Dschabri im Lauf der Jahre noch legen könnte: mehr als tausend! Tausend! Und wenn man wollte, konnten tausend neue Hühnchen daraus werden!

Branko fragte: »Hättest du mir gestern abend vielleicht auch die Hühner geschenkt?«

»Gestern abend vielleicht«, sagte Pimmi. »Aber heute morgen bestimmt nicht!«

Tutta bot ihr die Lampe für Dschabri.

»Ein Huhn, das Eier legt, gegen eine Lampe ohne Glasröhre?« fragte Pimmi. Darauf sagte Tutta eine Reihe sehr unverschämter Schimpfworte, weil doch Pimmi selbst die Glasröhre an die Wand geworfen hatte. Pimmi merkte sich die Schimpfworte für spätere Gelegenheiten, sagte: »Froschmaul!« und ging weiter.

Jerikas Jungen redeten von Eierkuchen, Spiegeleiern, Trinkeiern. Sie sahen eben nicht, wie schön dieses Ei war.

Aber Tereina sah es. Sie streichelte die glatte Schale, sie fuhr mit zärtlichen Fingern über die ebenmäßige Rundung und schrieb auf einen Zettel: »Schön. Ei.« Pimmi konnte das zwar nicht lesen, aber sie dachte es sich. Kraus wie ihr Schlüssel waren diese Schriftzeichen. Auch sie schlossen etwas auf: Tereinas Herz.

Ninja und Jerko schauten nur flüchtig hin. Offenbar hatten sie etwas sehr Wichtiges zu besprechen.

Migra und Juan schenkten Pimmi einen kleinen Eierkorb. Migras Jungen boten ihr die große Bratpfanne an. Man könnte dort Dschabri gleich mit dem Ei zusammen hineinsetzen, meinten sie.

Pimmi wanderte zu den Baracken hinüber. Jerika und Bubala stritten sich gerade, und Pimmi schlich wieder fort. Nein, sie wollte von Streit nichts mehr wissen.

So kam sie mit dem Ei zu Panelon und Mateo.

»Es ist ein Wunder und ein Geheimnis!« sagte Pimmi. Sie wußte, daß Mateo so etwas verstand.

»Ja«, sagte er. »Es geschehen überhaupt viele Wunder und Geheimnisse in diesen Tagen. Junge Hühner legen weiße Eier, und alte Pferde reden.«

»So ist es«, sagte Pimmi. »Und sie reden die Wahrheit.«

»Hat Mara-Mami dir das gesagt? Weiß sie etwas vom Geheimnis der Pferde?«

»Sie weiß es und weiß es nicht. Niemand hat es ihr gesagt, aber sie hat es erfahren, weil es dunkel ist unter Migras Wagen.«

»Soso!« Mateo fand auch Pimmis Rede dunkel.

»Weiß auch Nauka etwas vom Geheimnis des Pferdes?« fragte er vorsichtig.

»Niemand sagte ihr etwas, und deshalb weiß sie nichts.«

Jetzt wurde Mateo so vergnügt, daß er Pimmi einen Riegel Schokolade schenkte. Dies war nun wieder für Pimmi dunkel: Weshalb gab Mateo ihr Schokolade, weil Nauka nichts wußte?

Sie schenkte Panelon das Ei. Der sträubte sich lange, aber

Pimmi blieb dabei, soviel Dschabri jetzt auch zeterte. Er hatte ihr das Huhn gebracht, er sollte auch das erste Ei haben.

Schließlich sagte Panelon: »Es ist mir eine Ehre!« und trank das Ei vor Pimmis Augen aus. Sie sah ihm gespannt dabei zu, so gut sie das konnte mit den unglücklich hin und her schießenden Augen. Im Stillen dachte sie, daß die Erwachsenen, auch die allerliebsten, keinen rechten Sinn für das Wunderbare haben.

Oder Mateo vielleicht doch? Er schenkte ihr nämlich noch einen Riegel Schokolade und sah sie mit Trostaugen an.

»Sie wird bald ein neues legen«, sagte er.

»Tausend! Nauka hat es gesagt.«

»Dann ist es wahr, Pimmi.«

Aber dies war das erste gewesen, ach ja, und Panelon hatte es ausgetrunken. Hoffentlich hatte es ihm wenigstens gut geschmeckt.

Im übrigen und von außen betrachtet war dies ein Tag wie alle Tage im Winterlager: Man kochte, man räumte ein bißchen im Wagen oder in der Barackenstube, die Frauen hängten Wäsche am Bahndamm auf. Man ging grußlos aneinander vorüber, wenn man feindlichen Parteien angehörte, man stand nicht unnötig lange beieinander, wenn man Verbündete traf. Davon waren allerdings Mara, die Kinder und auch Juan und Migra ausgenommen. Niemand hatte gewagt, die alte Frau in den Streit hineinzuziehen, niemand wollte auch, daß die Kinder daran teilhatten, denn im Grunde schämten sich alle. Migra und Juan hatten sich von Anfang an unparteiisch verhalten. Vormittags fuhr Jerko mit dem violetten Auto zur Tankstelle. Rein zufällig traf er dort auch Juan und Bubala, die gerade Ölkanister in den Lastwagen luden. Bubala betrachtete Jerkos verpflasterte Nase mit großer Genugtuung und überließ es inzwischen Juan, das Öl zu bezahlen. Der grüßte Jerko sehr freundlich und sah so aus, als wäre es ihm peinlich, daß man ihn hier Kanister verladen sah. Wie sollte er Jerko das erklären? Es war noch keine Rede davon gewesen, daß Migra und Juan so früh im Jahr das Winterquartier verlassen wollten.

Doch offenbar fand Jerko gar nichts Absonderliches bei

diesem Einkauf. Höflich ließ er Juan an der Kasse den Vortritt und sagte:

»Ein vorsorgender Vater bist du, lieber Juan! Keinen Mangel an Treiböl werden Frau und Kinder bei dir leiden!«

Wegen seiner verschwollenen Nase klang das besonders sanft und salbungsvoll. Juan lächelte also höflich und verlegen zurück und bot Jerko eine Zigarette an.

Oder sollte sich jemand Gedanken darüber machen, daß zur gleichen Stunde Tino mit dem jungen Juan und Hotolo den Traktor halb auseinandernahm und wieder zusammensetzte? Alle Jungen und auch Pimmi, Tutta und die Hunde leisteten ihnen Gesellschaft dabei. Pimmi erfuhr, daß Schmelzwasser im Öltank eine höchst unangenehme Sache ist, daß es das Fahren verhindert und daß man einige Zeit braucht, um es zu entfernen. Pimmi merkte sich das.

Mara saß auf der Wagentreppe und strickte. Ninja kam vorüber, und Mara sagte zu ihr:

»Wenn die Männer mit den Motoren spielen, wird es Frühling, nicht wahr?«

»Aber es ist doch noch viel zu früh zum Fahren!« sagte Ninja.

»Viel zu früh!« sagte Mara und nickte ihrer lieben, dicken Tochter freundlich zu. Auch Ninja nickte freundlich, und beide zwinkerten dabei ein ganz, ganz klein wenig mit den Augen. Ninja kam nämlich gerade von Mateo. Mit dem hatte sie eine Autokarte von Frankreich betrachtet. War daran etwas Absonderliches bei Ninja, die so gern Auto fuhr?

Oder daran, daß Mateo am späten Nachmittag mit Ringelblume fortging? Das tat er fast alle Tage, denn die alte Stute brauchte doch Bewegung. Heute ging auch Panelon mit, kein Wunder, bei dem schönen Wetter!

Allerdings sah man Mateo erst nach Sonnenuntergang zurückkommen, und ohne Ringelblume, ohne Panelon! Doch das merkte nur Pimmi, die sehr lange in Maras schwarzes Wolltuch gehüllt hinter dem leeren Schuppenstall gewartet hatte. Sie hatte noch etwas mit Mateo besprechen wollen. Schließlich war sie unruhig den Barackenweg hinuntergegangen, bis zur Straßenlaterne. Und dort traf sie Mateo.

»Ist Ringelblume ausgerissen?« fragte sie erschrocken.

»Es scheint so«, antwortete Mateo.

»Und Panelon rennt ihr nach?«

»Es scheint so.«

»Was scheint so? Du könntest deutlicher reden!«

»Von Geheimnissen, die man im Dunkeln unter deinem Wagen findet, redet man ja auch nicht deutlich.« Doch dann lachte Mateo, nahm Pimmis Kopf zwischen die Hände und drehte ihn zur Seite: Ein Güterzug rollte langsam droben über den Bahndamm, und dahinter stand wie gestern der Mond. Mateo sagte nichts, aber er winkte zum Zug hinauf.

»Aaach!« rief Pimmi. »Mit dem Reiseteufel! Beide?«

»Beide. Er läßt sie doch nicht allein!«

»Donnerwetter!« sagte Pimmi. »Ihr seid klug! Und ich dachte schon, ich müßte von Zeit zu Zeit Wasser in den Öltank gießen!«

Mateo brauchte einige Minuten, bis er diesmal Pimmis Gedankensprung folgen konnte. Dann ließ auch er seine Gedanken springen, und er lächelte dabei, abwartend, ob Pimmi ihn wohl verstehen könnte:

»Das Tor ist zwischen einer Stadt mit einer halben Brücke und der Stadt des gezähmten Drachen.«

»Natürlich!« rief Pimmi. »Den Drachen hätte ich fast schon wieder vergessen. Aber den Schlüssel habe ich!«

Mateo staunte und sagte nichts mehr.

Pimmi fragte jetzt:

»Man wird das Tor doch erkennen können?«

»Du wirst Sara finden«, antwortete Mateo. »Aber was ist mit dem Schlüssel?«

»Den habe ich. Es ist mein Schlüssel!« sagte Pimmi und faßte unter das Tuch. Doch dann legte sie die Stirn in Falten und fragte:

»Was man findet, ich meine, richtig findet, nicht so, daß Nauka oder die anderen Erwachsenen es zurückgelegt haben wollen, – gehört einem das?«

»Nicht alles. Wenn du zum Beispiel dein Kätzchen verlierst, und jemand anders findet es, dann bleibt es doch dein Kätzchen.«

»Aber man findet etwas und weiß, daß jemand anders will, man soll es finden. Irgend jemand, zum Beispiel ein Prinz aus dem Garten des Glücks mit den weißen Pferden?«

»Weiß man genau ...?« fragte Mateo.

»Ach«, sagte Pimmi traurig. »Man weiß es nicht genau. Immer, wenn ich es genau wissen will, wird es wie ein Traum oder wie ein Märchen. Aber wenn ich es träume, ist es wirklich.«

Mateo blickte sie lange an, die kleine Pimmi in dem großen dunklen Tuch unter dem kalten Laternenlicht.

»Schwesterchen!« sagte er leise. »Du hast sehr schöne Träume.«

»Also wem gehört der Schlüssel?« fragte Pimmi ungeduldig.

»Zuerst gehört er dem Tor«, sagte Mateo. »Und dann denen, die hindurchgehen sollen.«

Pimmi nickte und schob ihre Hand in seine Hand. Sie gingen zum Lager. Lauter noch als gestern murmelten die Schmelzwasserbäche am Bahndamm. In den kleinen Gärten lösten sich die Schneehauben von den Zaunpfählen und den welken, vorjährigen Stauden. Es roch nach Erde und nach dem Teer auf den Barackendächern, nach Frühling roch es!

»Vielleicht bin ich es gar nicht«, sagte Pimmi. »Vielleicht bist du es oder Nauka? Oder –«, sie zögerte und sah ihn aufmerksam an, »oder wird Tereina es sein?«

»Wir alle wollen es sein, wir alle!« sagte Mateo leise.

Früh, noch vor der ersten Morgendämmerung, fuhr der Lastwagen mit der grellroten Aufschrift »Zirkus Dinelo« den Barackenweg hinauf. Schwankend zog der grüne Wagen hinter dem Bulldog ihm nach. Den Abfahrenden kam es merkwürdig vor, daß nichts sich rührte in Ninjas weißem Wohnanhänger, nichts hinter dem Fenster zu Panelons und Mateos Barackenstube. Zwar hatten sie alles noch in der Nacht so gut vorbereitet und so heimlich den Lastwagen gepackt, daß sie jetzt nur die Motoren anzulassen und abzufahren brauchten, – aber machte das nicht Lärm genug?

Tino war froh darüber. Er winkte Juan und Migra zu und

drosselte den tuckernden Motor, soweit das überhaupt möglich war auf dem verschlammten Weg mit den tiefen Tauwasserpfützen. Er fürchtete sich schon genug vor Maras Vorwürfen und Naukas, Pimmis und Brankos Fragen. Es war ihm auch jetzt nicht mehr so ganz wohl bei der heimlichen Abreise. Um so lieber mußte es ihm sein, daß er die Zurückbleibenden nicht mehr sah.

Bubala aber ärgerte sich. Er ließ noch auf dem Lagerplatz den Motor aufheulen, zog im Schneckentempo an Ninjas Wagen vorüber und drückte vor den Baracken anhaltend auf die Hupe. He! Wollte denn niemand ein wütendes Gesicht aus dem Fenster strecken? Niemand, den er triumphierend auslachen konnte? Nur die anderen Barackenbewohner schauten verschlafen und ärgerlich aus Fenstern und Türen. Tino gab Bubala verzweifelte Zeichen mit dem Arm. Aber der fuhr voraus und sah nichts davon. Hinter ihm unter der geflickten Plane bellten jetzt die Hunde und redeten die Kinder laut durcheinander. In den Ställen bei den kleinen Häusern lärmten die Hühner, und die Barackenhunde bellten Feline, Pepine, Fiffi, Mimmi und Joko wütenden Abschied. Doch bei all dem Höllenspektakel rührte sich nichts in Ninjas Wagen, nichts an Panelons Fenster! Das verdarb dem wilden, streitlustigen Bubala den ganzen Spaß an diesem Aufbruch.

Dann lag das Winterlager hinter ihnen.

Bitterlich weinend saß Nauka auf ihrem Lager im grünen Wagen. Sie starrte zu dem schmalen Barackenfenster hinüber.

»Was habt ihr vor? Weshalb fahren wir allein? Wohin?« fragte sie schluchzend.

Nein, Savina konnte sie nicht trösten.

Und Mara wollte sie nicht trösten.

Als Pimmi sich dann zu ihr drängte und etwas flüsterte vom Tor des Glücks, von einem Schlüssel und einem wunderbaren Garten, schob Nauka sie fort. Wer glaubt denn daran, daß es einen Schlüssel zum Tor des Glücks gibt, wenn er im unaufhaltsam vorwärts und vorwärts stoßenden Wagen sitzt, und hinter ihm bleibt zurück, was er für das einzige Glück auf Erden hält?

Nein, Nauka wollte von Pimmis schönen Träumen nichts hören.

»Laß sie! Tränen machen die Augen klar. Durch Tränen sieht man die Wahrheit am deutlichsten«, sagte Mara.

Pimmi wunderte sich sehr, daß Mara-Mami, die Gute, so hart sein konnte.

Savina wunderte sich noch mehr über Mara. Keine Fragen? Kein Vorwurf? Kein Ärger, weil man ohne ihr Wissen und ohne ihren Rat zu hören, noch halb in der Nacht davonfuhr?

Da saß sie zufrieden lächelnd in ihrem Bett, von Kissen gestützt, und strickte! Sie strickte ein weißwollenes Tuch und zählte flüsternd die Maschen. Es mußte ein sehr schwieriges Muster sein. Immer unruhiger wurde Savina. Endlich fing sie selbst an:

»Mara-Mutter! Bist du gar nicht ärgerlich, weil wir nun fahren?«

»Es schüttelt etwas«, sagte Mara, zählte: »– sieben, acht, neun, zehn. Rechts: eins, zwei, drei, vier, fünf, sechs . . .«, und ließ die Nadeln klappern.

Als sie mit der Reihe fertig war, sagte sie: »Gut, daß ich mir gestern noch von Nauka die restliche Wolle besorgen ließ. Wer weiß, ob man in Frankreich noch einmal die gleiche bekommen hätte!« Und ehe Savina wieder etwas fragen konnte, zählte sie flüsternd: »Links: eins, zwei, drei, vier, fünf . . .«

Am Ende der nächsten Reihe sagte sie: »Kaffee hätte ich gern bald. Tino kann wohl irgendwo kurz anhalten. Rechts: eins, zwei, drei, vier, fünf, sechs, sieben . . .«

Mara ließ sich keine Fragen stellen, auf die sie nicht antworten mochte. Als aber Pimmi sie fragte: »Was für ein Tuch strickst du, Mara-Mami?« schaute sie schnell über den Brillenrand und antwortete ihr freundlich:

»Eine warme Decke für ein kleines Kind.«

»Für welches Kind? Für Migras Ehra? Sie hat aber schon eine sehr schöne Decke.«

Doch da zählte Mara-Mami schon wieder die Maschen.

Sie fuhren nach Süden am Rhein entlang, rechts vom

Strom auf schmalen Nebenstraßen. Gegen Mittag waren sie an der Grenze nach Frankreich, nicht weit von dem Dorf, bei dem die roten Felsen lagen. Nauka und Pimmi unterhielten sich über ihre Erlebnisse im Herbst. Nauka war nun ruhig und weinte nicht mehr.

Am Abend rasteten sie bei einem kleinen französischen Dorf. Endlich brannte wieder ein Lagerfeuer für sie unter freiem Himmel! Zwar lag auch hier noch Schnee an den Hängen und in den Schattenwinkeln, aber am prasselnden Feuer saßen sie warm im fröhlichen Kreis. Pimmi und Tutta versorgten die Tiere, – die Hunde, die Hühner und das Kätzchen. Nauka half Mara, Savina und Jerika beim Kochen. Später holte Tino die Geige aus dem Wagen, und Branko kam mit der Gitarre dazu.

»Schade!« sagte Jerika. »Schade, daß wir nicht alle beisammen sind.« Es kam nicht oft vor, daß Jerika wehmütig wurde.

Leise fragte Nauka die Mara-Mami: »Ist es nur meinetwegen? Habe ich nun schuld daran, daß die Sippe sich getrennt hat?«

»Schuld!« sagte Mara. »Was redest du nur immer!«

»Niemand kann so traurig sein darüber wie ich. Nun muß ich meinen Trotz bezahlen, nicht wahr?«

»Niemand muß bezahlen, niemand kann bezahlen.«

»Werde ich ihn nie mehr wiedersehen?«

Mara sah sie streng an: »Kannst du immer noch nicht warten auf das, was dir geschenkt werden soll?«

Als aber Nauka jetzt den Kopf senkte und wieder Tränen flossen, sagte Mara sanft: »Brombeeren wachsen überall. Wenn Gott will, reifen sie auch im Frühling!«

Auch das violette Auto war am Rhein entlang gefahren, aber links vom Strom. Auch Ninja hielt sich auf schmalen Nebenstraßen, allerdings nicht, weil sie fürchtete, hier den anderen zu begegnen. Die wählten bestimmt den kürzesten Weg, – aber Ninja würde trotzdem heute abend ein gutes Stück weiter südlich als ihre Schwestern am Lagerfeuer sitzen. Ninja mochte nicht die Hauptstraßen oder Autobahnen benutzen, weil sie der Verkehrspolizei ausweichen wollte. Sie lenkte nämlich einen höchst merkwürdigen Schleppzug: Hinter dem weißen Wohnanhänger schwankte Panelons alter Karren! In den Kurven schleuderte er oft bedrohlich, legte sich auf die Seite, stellte sich quer oder rutschte in den Graben. Doch gab es irgendeine unüberwindliche Schwierigkeit für Ninjas Fahrkunst? Außerdem saß ja auch Mateo dort hinten auf dem Kutschbock, bediente die quietschende Bremskurbel, wenn es bergauf oder bergab ging, und versuchte, mit eifrigem Hin- und Herrutschen an den Straßenbiegungen den Karren im Gleichgewicht zu halten. Vor jeder schwierigen Stelle beugte Jerko sich aus dem Fenster und warnte ihn mit Zurufen und Armschwenken.

Tereina saß im Anhänger und blickte staunend in die vorüberfliehende Landschaft: Felder, Wiesen, Berge, Wälder, Dörfer, Städte! Noch nie war ja Tereina, die Zigeunerin, durchs Land gefahren! Noch nie hatte sie dies erlebt: Aufzubrechen, den hellen Bändern der Straßen zu folgen, unter freiem Himmel am kleinen Feuer zu rasten! Nie war sie aus der öden, grauen Barackensiedlung am Stadtrand hinausgekommen. Ach, was geschah nur mit ihr in diesem Winter? Immer Neues öffnete sich, immer Neues! Und Tereina war so glücklich, daß sie weinen mußte.

Gegen Abend erreichte auch Ninja die Grenze nach Frankreich. Sie überquerten dort wieder den Fluß bei einer großen Stadt mit wunderbar ragenden Türmen. Bald danach hielt Ninja an. Sie rasteten nahe bei einem kleinen französischen Dorf, an einem Waldrand, – nur eben ein paar Wegstunden weiter südlich als die anderen.

Zum ersten Mal in ihrem Leben zündete Tereina allein ein Lagerfeuer an. Ninja und Mateo sahen ihr zu.

»Ja«, sagte Mateo leise. »Sie soll mir immer wie eine Schwester sein.«

Und Ninja nickte und wischte sich die Augen. »Wären wir nur alle beisammen!«

Der Mond aber oben am Himmel stand über dem einen Waldrand und dem anderen, über dem einen und dem anderen Lagerfeuer, und er sah sie alle, und sie alle sahen ihn, den schönen, stillen Mond, ihren Freund, ihren Gefährten.

Schlüssel und Tor

So fuhren sie nun weiter auf getrennten Straßen, – dort der grüne Wohnwagen und der Lastwagen, dort das violette Auto mit seinen beiden Anhängern aus neuer und alter Zeit. Durch Frankreich fuhren sie jetzt und immer weiter nach Süden.

Fremdes Land gab es nicht für sie, – denn ziehen nicht die Straßen über die Grenzen hinweg, und kann einer dem Winde verbieten, hüben und drüben zu wehen? Fremde Sprache gab es auch nicht für sie, denn alle Sprache hat ihre eigene Musik, und die lernt man wie im Spiel.

Schön war das Land, durch das sie fuhren: Weinberge säumten bald die Straße, und im Tal zog ein glitzernder Strom. Regen und Sonne wechselten oft, doch immer war schnell der Himmel wieder blank und klar. Manchmal fuhr tagelang ein wilder Wind das Tal hinauf, schüttelte die silberblättrigen Olivenbäume, beugte die dunklen Zypressen, sang laut im wirren Geäst der Feigenbäume. Doch er trug ihnen auch den Duft der Mimosen zu, die über graue Gartenmauern wehten, den Duft von Thymian und Rosmarin, der schon frisches Grün trieb auf den sonnenwarmen Hügeln.

Von Tag zu Tag wurde Pimmi aufgeregter. Wann würden sie die anderen treffen? Ach, es war so schwer, ein großes Geheimnis zu bewahren! Sie hütete sich schon davor, mit Tutta allein zu sein, weil es sie einfach juckte, ihr zu erzählen, was sie wußte: Daß man bald, bald, bald das Tor für den Wunderschlüssel finden würde!

Doch zuerst kamen sie an die Brücke! Die halbe Brücke, von der Mateo gesprochen hatte, – da zog sie über den Strom auf flachgewölbten Bogen und schwang sich so leicht dahin wie ein Stein, von den Jungen geworfen, über das Wasser tanzte! Doch nach dem dritten Pfeiler brach sie ab, ehe sie jenseits das Ufer erreichte. Eine Stadt war hier, eine große Stadt mit prächtigen Türmen, mit gewaltigen Mauern am Flußufer, mit einem Dom hoch auf steilem Fels über dem Tal, – aber Pimmi sah nur die Brücke.

Sie lief zu Mara: »Bald!« flüsterte sie. »Bald!«

Und Mara nickte: »Ja, bald, Pimmi!«

Sie lagerten unter der alten Stadtmauer nahe dem Wasser. Auch andere Zigeuner waren dort. Die älteste Frau rief Pimmi zu sich.

»Sag mir deinen Namen!«

»Pimmi heiße ich.«

»Ich habe eine Botschaft für dich, Pimmi. Weißt du, von wem sie kommen kann?«

»Von Mateo?«

Die alte Frau nickte. Sie nahm etwas Kleines aus ihrer Rocktasche und legte es in Pimmis Hand. Gleich bog sie ihr die Finger darüber zusammen und sagte: »Du solltest noch schweigen. Rede nur mit eurer alten Frau und sage ihr: Wenn ihr einen halben Tag weit aus dieser Stadt hinausgefahren seid, werdet ihr zu einer Straßenbiegung kommen, an der ein uralter Ölbaum steht. Zur linken Hand führt dort ein Weg in ein Bachtal. Dem sollt ihr folgen.«

Pimmi wiederholte, was die Frau gesagt hatte, bedankte sich und lief gleich zu Mara.

Die erzählte gerade den anderen Kindern die Geschichte der Brücke: Ein Hirte hatte sie gebaut vor vielen hundert Jahren, zusammen mit seinen Hirtenbrüdern. Als sie noch mit allen Pfeilern auf dem festen Grund am Ufer hier und drüben auf der großen Flußinsel stand, tanzten die Leute oft im Schatten unter den Brückenbogen. Nun hatte der Strom eines Tages die Brücke zerstört, aber man sang hier immer noch ein Lied, in dem es hieß, daß auf der Brücke von Avignon alle Leute tanzten.

»Ach!« rief Pimmi. »Ich tanze schon, wenn ich sie nur sehe, die Brücke!«

Endlich war Mara-Mami allein, und Pimmi konnte ihr zeigen, was die alte Frau ihr gegeben hatte: Zwei winzige Puppenschuhe, gerade groß genug für Sara, mit einem roten Seidenband zusammengebunden. Sie sagte Mara auch, welche Botschaft von Mateo zu ihr gekommen war.

»Wann fahren wir weiter, Mara-Mami? Heute?«

»Ich will mit Tino sprechen. Eigentlich wollte er länger hier bleiben. Er ist gern in dieser Stadt, und wir haben ja noch viel Zeit bis zum Sarafest.«

»Sprich mit ihm! Ich kann nicht mehr warten!«

Und Mara sprach mit Tino. Sie hatte auch noch einen anderen Grund, bald aus der Stadt hinauszuwollen.

»Wenn es kommt, wollen wir irgendwo im Freien sein, Tino. Und es kommt bald, das weiß ich.«

So fuhren sie wirklich am nächsten Tag weiter. Dort, wo der uralte Ölbaum wuchs, bog Tino nach links in einen Feldweg ein. Mara hatte befohlen, so zu tun. Sie kannte dieses Land von vielen Reisen, gewiß wußte sie, wo ein guter Lagerplatz war. So dachten die anderen.

Heute schwieg der Wind. Flimmernd von Licht und Sonnenwärme dehnte sich das gewellte grüne Land zu beiden Seiten des Weges. Sie konnten nur langsam fahren, weil er ausgewaschen vom Regen und mit angeschwemmtem Geröll bedeckt war. Wohin mochte solch ein Weg führen, zu welch abgelegenem, weltfernem Platz?

Pimmi lief vor den Wagen her. Sie schickte Tutta fort, die mit der Hundekoppel zu ihr kam. Allein wollte sie sein, allein und zuerst das Wunder sehen. An jeder Wegbiegung hielt sie den Atem an. Kam es jetzt? Wartete es hinter jenem Felsen? Hinter diesem Olivenhain? Ringsum, nah und fern unter dem weißblauen, lichten Himmel sah sie Schlösser und Türme, verwitterte Burgen und kleine Kapellen mit festen, gedrungenen Türmen unter runder Haube. Ja, dies war das Land des Wunders, wie sie es längst in ihren Träumen gesehen hatte.

Jetzt gab Mara das Zeichen zum Anhalten. Ein kleiner Wald von Kastanien und Eichen lag links vom Weg. Ein Bach zog dort unter den Bäumen her. Wo er eine breite Schleife machte und Pappeln und Weiden eine sandige Bucht umstanden, sollte man die Wagen abstellen und ein Feuer anzünden.

»Wir werden lange hier bleiben«, sagte Mara. »Bis zu den Tagen des Sarafestes.«

Alle waren mit diesem Lagerplatz zufrieden. Konnte man einen besseren finden? Schatten bot der Wald, klares Wasser der Bach. Die Kinder konnten im Sand spielen, die Erwachsenen unter den Bäumen ruhen oder in den Dörfern an der Hauptstraße nach Verdienst ausschauen. Die Menschen waren freundlich und fröhlich in diesem Land. Jerikas Zirkus und Savinas Deckchen würden sie bestimmt schön finden. Alle lobten die alte Frau und machten sich vergnügt ans Auspacken.

Nur Pimmi nicht. Ratlos wanderte sie zwischen den Bäumen umher, hatte keine Lust, mit Tutta die Veilchen zu pflücken, die überall in dichten blauen Polstern blühten, keine Lust, mit den Jungen Holz zu suchen, keine Lust, für Savina Wasser zu schöpfen. Sie hatte noch nicht einmal Lust, mit Mara zu reden. Die Mami hatte sie im Stich gelassen. Sie hatte nicht mit ihr nach dem Wunder gesucht, sondern einfach nur nach einem günstigen Lagerplatz. Und Pimmi dachte voller Enttäuschung, daß auch Mara also zu den Erwachsenen gehörte, die sich schnell zufriedengaben mit dem Nützlichen, dem Vernünftigen und Bequemen, die sich einfach hinsetzten und müßig auf das Wunder warteten. Aber Pimmi wußte doch: Man mußte das Wunder suchen! Man mußte ihm nachlaufen, es aufspüren, man mußte es wittern und finden! Aber wo? Hier, in diesem wunderschönen, aber ganz und gar gewöhnlichen Wald? Was dachte die alte Frau sich nur? Nun war Pimmi so ärgerlich, daß sie es ihr doch sagen mußte. Mara saß mit Savina auf der Wagentreppe. Gerade war das weiße Wolltuch fertig geworden. Savina betrachtete es und strich mit der Hand darüber. Den beiden war dieses Tuch wohl wichtiger als das Wunder, das geschehen sollte, das endlich geschehen mußte?

Weil Savina dabei war, mußte Pimmi vorsichtig reden.

»Wir sind einen halben Tag gefahren«, fing sie an.

Savina blickte erstaunt auf. Weshalb war Pimmi so mürrisch? Mara lächelte. »Wir sind einen halben Tag gefahren, aber nicht weit genug!« sagte Pimmi.

»Aber dies ist doch der beste Platz, den man sich wünschen kann?« meinte Savina.

»Ach!« sagte Pimmi ärgerlich. »Man darf nicht einfach bleiben, wo es einem gefällt und auf das Wunder warten!«

Mara lächelte wieder nur, und Savina antwortete: »Aber ja, Pimmi! Es gibt keinen besseren Platz als diesen, um auf das Wunder zu warten!« Dabei blickte sie Mara lächelnd an, und Mara nickte dazu.

Traurig ging Pimmi fort. Es würde ihr nichts anderes übrigbleiben, als allein fortzugehen, allein das Wunder zu suchen. Ach, sie hatte so sehr gewünscht, nie mehr ohne Mutter Savina und Mara-Mami, ohne den grünen Wagen und alle fröhlichen Gefährten zu sein! Aber nun mußte es doch so geschehen. Nach dem Essen wollte sie aufbrechen, wenn alle schlafend im Schatten liegen würden. Sie ging in den Wagen und packte ein Stück Brot, eine Mohrrübe und einen trockenen Käse in ein Tuch. Am Waldrand unter dem Stechpalmenbusch versteckte sie das Bündel. Die Hunde würden wohl ihre Nase nicht in das Stachelgezweig stecken.

Als Jerika das Essen austeilte, ließ sie sich ihren Teller dreimal randvoll füllen. Kummer machte sie immer hungrig. Außerdem war es gut, sich vorsorglich satt zu essen. Vielleicht mußte sie lange wandern, bis sie das Tor fand.

Bald lagen Bubala und seine Söhne schnarchend unter den Bäumen, bald gingen Savina und Mara in den Wagen, bald schlief auch Tutta im Kreis der Hunde und Branko mit der Gitarre im Arm. Vater Tino saß irgendwo fernab im Wald an einen Baumstamm gelehnt und spielte leise auf der Geige. Jerika blieb noch ein Weilchen am verglimmenden Feuer und hörte ihm zu, dann legte sie sich im Lastwagen nieder. Nur Nauka war jetzt noch wach, sie wusch am Bach das Geschirr. Pimmi holte ihr Bündel, versteckte es hinter dem Rücken und ging zu ihr.

Nauka sagte: »Schön ist es hier! Sieh nur – dort schwimmt ein silberner Fisch!«

»Ich weiß einen Platz, der ist noch viel schöner«, sagte Pimmi und setzte sich neben sie. Sie ließ Sand durch ihre Finger laufen.

»So?« fragte Nauka und lachte leise. »Dann kennst du diese Gegend wohl gut?«

Zuerst antwortete Pimmi nicht. Sie warf eine Handvoll Sand ins Wasser, noch eine und noch eine. Der Bach trübte sich, und der silberne Fisch schwamm fort. Pimmi holte tief Luft.

»Nauka! Würdest du mit mir fortgehen und das Tor des Glücks suchen?« Nauka rieb gerade den großen Kupferkessel mit Sand aus. Jetzt stellte sie ihn nieder und blickte Pimmi kopfschüttelnd an.

»Du träumst, Schwesterchen!«

»Mateo sagt, ich träume schön!«

Eifrig scheuerte Nauka weiter. Darauf gab es keine Antwort. »Mateo weiß auch vom Tor des Glücks!«

»Gar nichts weiß er. Gar nichts!« Noch eifriger scheuerte Nauka.

»Wenn wir es fänden, Nauka! Wenn du doch mit mir gingst!«

Und wieder warf Pimmi Sand ins Wasser und überlegte dabei, wieviel von ihrem Geheimnis sie jetzt noch aussprechen durfte, ohne es zu zerstören, ohne dem Schlüssel die Wunderkraft zu nehmen.

Naukas Gedanken waren wieder weit weg von Pimmi. Hätte sie doch nicht von Mateo gesprochen!

Nun war der Kessel fertig, und Nauka trug ihn zum Wagen. Sie kam zurück, um auch die Teller zu holen. Immer noch saß Pimmi dort und starrte ins Wasser. Und Nauka blieb hinter ihr stehen und sah Pimmi, – so klein, so kummervoll gebeugt, sah den mageren braunen Hals und die knochigen Schultern unter dem großen dunklen Wuschelkopf. Wie lange hatte Nauka die kleine Schwester nicht mehr so mit Liebe angeschaut? Wie lange nicht mehr mit ihr gespielt und gelacht? Wie lange vergessen, darüber nachzudenken, weshalb Pimmi wohl nicht mehr mit Tutta spielen wollte, weshalb sie so unruhig und nachdenklich war in der letzten Zeit, weshalb sie soviel seltsame Dinge redete? Und Nauka erschrak und dachte: Ich habe meine kleine Schwester allein gelassen. Wie damals, als wir auf dem falschen Weg gingen, und sie wagte nicht, mit mir darüber zu reden!

Das Herz tat Nauka weh, so lieb hatte sie Pimmi in diesem Augenblick.

Da drehte Pimmi sich um, legte den Finger auf den Mund und flüsterte: »Er ist wieder da, der Fisch, der silberne. Schau ihn an! Sieht er nicht besonders aus?«

Nauka betrachtete den Fisch und dachte: Es ist ein gewöhnlicher Fisch. Es gibt viele solche Fische in den Bergbächen. Aber als ich ein kleines Mädchen war, sahen auch für mich manche Dinge besonders aus, und die Erwachsenen verstanden es nicht. Ich möchte wieder ein kleines Mädchen sein, ach, ich möchte wieder wie Pimmi sein und all das Besondere sehen, das Wunderbare in den ganz einfachen Dingen, in einem Stein, einer Glasscherbe, einem schimmernden Fisch ... Der Gedanke machte sie fröhlich. Sie setzte sich neben Pimmi, und lange Zeit sahen beide ganz still dem silbernen Fisch zu. »Er tanzt!« flüsterte Pimmi.

Denn der Fisch glitt wie spielend vor ihnen her, wechselte aus den grünen Schattenflecken in glitzerndes, blitzendes Wasser, umkreiste die Wasserpflanzen und schwamm zwischen den treibenden Stengeln durch, ohne sie zu berühren.

»Er hat alle Farben der Gottesbrücke!« flüsterte Nauka. Denn wenn er den schmalen Leib bog und wendete, schillerte der Fisch in allen Regenbogenfarben.

»Er sieht uns an!« flüsterte Pimmi. Denn nun stand er ganz unbewegt in einem goldenen Lichtfleck und richtete die stillen runden Augen auf die Mädchen am Ufer. Dann plötzlich schoß er davon, der Strömung entgegen.

Nauka und Pimmi folgten ihm. Sie zwängten sich durch die Weiden, sie wateten durch hohes Gras und krochen unter Dornzweigen durch. Sie sprangen über spitze Steine und kletterten über das Ufergeröll. Manchmal verloren sie den Silbernen aus den Augen, dann standen sie still und warteten, bis er sich wieder zeigte, glitzernd, schimmernd, verborgen von einem moosigen Stein oder hängenden Gräsern am unterhöhlten Ufer. Der Bach bog in den Wald ein. Schäumend und gurgelnd sprühte er hier im engen Bett. Und immer zog der Fisch der wilden Strömung entgegen, stark und wendig! Dort lichteten sich die Bäume, – und plötzlich war ein hoher Zaun vor ihnen, ein Zaun aus dichtgestellten eisernen Stäben. Der Bach floß darunter her – der Fisch glitt unter den Zaun und zog lautlos davon. Wie sollten sie ihm jetzt weiter folgen? Viel zu hoch war der Zaun, und auf der anderen Seite wuchs dicht belaubtes Buschwerk.

Nauka fuhr sich mit der Hand über Stirn und Augen, als wachte sie auf aus einem schönen Traum: »Nun müssen wir umkehren. Komm, Pimmi, wir gehen am Bach entlang zurück zum Lager. Schade, daß er fort ist, der schöne Fisch!«

Aber Pimmi schüttelte den Kopf. Sie lief ein Stück nach links am Zaun entlang, ein Stück nach rechts. Hier mußte doch ein Tor sein? Wo ein Zaun war, gab es auch ein Tor!

Nauka saß am Bachufer und tauchte die Füße ins Wasser. »Sieh den gelben Vogel dort, Pimmi! Weißt du noch, wie wir damals im Wald dem gelben Vogel nachliefen?«

»Ja!« rief Pimmi vergnügt. »Und das müssen wir jetzt auch tun!«

Sie zerrte Nauka hoch und rannte mit ihr den Hang hinab, dem Vogel nach, der von Pfosten zu Pfosten vor ihnen her schwirrte.

Nauka dachte: Wenn es ihr soviel Spaß macht, will ich ihr folgen. Wir brauchen nur nachher am Zaun und am Bach entlang zurückzugehen ... Aber dann vergaß sie das Zurückgehen und sah, daß auch dieser Vogel etwas Besonderes war. Wie Gold, wirkliches Gold, glänzte das gelbe Gefieder! Atemlos rannten sie nun, stolpernd durch niederes Buschwerk.

Heiß brannte die Sonne, und von der Erde stieg ein herber, scharfer Kräutergeruch auf. Sie waren geblendet vom Licht, weil sie die Augen doch nicht von dem Goldvogel ließen, weil sie nichts als ihn und den lichtblauen Himmel sahen. Da! Nun schoß er davon, höher und höher über den Zaun hin!

»Dort ist das Tor!« sagte Pimmi. Und das war für sie eine ganz und gar selbstverständliche Sache. Auch Sara, die Puppe, saß an den Pfeiler gelehnt. So mußte es sein.

Nauka stand staunend und stumm. Pimmi zog aus der Rocktasche die kleinen Schuhe und hielt sie ihr hin.

»Nun nimm sie doch schon! Zieh sie ihr an, schnell!«

Es waren schneeweiße, kleine Tanzschuhe aus weichem Leder.

»Ich glaube, Tereina hat sie gemacht«, sagte Pimmi. Sie nestelte den Schlüssel vom Hals und gab ihn Nauka. Sie war nun ungeduldig, sie hatte gefunden, was sie gesucht hatte.

»Weshalb?« fragte Nauka und nahm den Schlüssel. »Das Tor ist offen.«

»Es muß so sein. Mateo hat gesagt, der Schlüssel gehört dem Tor. Steck ihn hinein, Nauka, Mateo will es so!«

Nauka tat alles, was Pimmi wollte. Sie wunderte sich nicht, daß der Schlüssel in dieses Schloß paßte. Er war verschnörkelt und rostig wie die hochgeschwungenen Torbogen, wie ihr reichgeschmiedetes Gitterwerk. Man konnte ihn nicht im Schloß drehen, aber das war auch nicht nötig, fand Pimmi. Er steckte jetzt dort, wo er hingehörte.

»Nun können wir gehen!« sagte sie aufatmend.

Und Pimmi und Nauka gingen durch das Tor des Glücks.

Sie gingen auf grasbewachsenem Weg zwischen Hecken und blühenden Grasflächen. Sie gingen über verwitterte Terrassen, durch dunkles Gebüsch. Eidechsen sonnten sich auf grauen Steinen, bunte Schmetterlinge saßen mit bebenden Flügeln auf Gräsern und Blüten.

»Dort ist das weiße Pferd!« sagte Pimmi. Sie wunderte sich nicht. Denn wenn man das Wunder gefunden hat, ist es nicht mehr geheimnisvoll. Das weiße Pferd war aus Stein, aus schimmerndem, gelblichem Marmor. Auf der Stirn trug es ein sonderbar gewundenes Horn, und es sah deshalb doch nicht gefährlich aus, sondern gut und freundlich und klug wie ein Pferd.

»Ein Einhorn!« flüsterte Nauka, und sie gingen auf Zehenspitzen daran vorüber, als wollten sie das ruhende Tier auf dem moosbewachsenen Sockel nicht stören.

»Dort ist auch Ringelblume«, sagte Pimmi. Freudig wiehernd kam die Stute ihnen entgegen.

Und dann sah Nauka den Karren, sah das violette Auto, den schneeweißen Anhänger mitten auf der weiten Terrasse vor einem alten, verfallenen Schloß. Birken und Holunder waren durch die geborstenen Fliesen gewachsen und gaben den Menschen, die dort saßen, Schatten.

Panelon und Mateo sahen die Mädchen zuerst. Lächelnd, ohne ein Wort gingen sie ihnen entgegen. Tereina lief ihnen nach, strahlend vor Freude. Dann kam Tante Ninja im flatternden Blümchenkleid und ganz überströmt von Tränen. Mit ausgebreiteten Armen stand Onkel Jerko an der Balustrade und rief:

»Sie kommen! Sie kommen! O Stunde des Glücks!«

Niemand fand, daß er zu große Worte machte. Es war die Stunde des Glücks.

Bald hatte Ninja Kaffee gekocht und mit zitternden Händen Lebkuchen über Lebkuchen auf den geblümten Teller gehäuft. Pimmi kaute schon mit vollen Backen. Alles war jetzt auf seinem richtigen Weg. Essen war nun wichtig, essen und trinken und fröhlich sein. Mochte Mateo jetzt der staunenden Nauka erklären, wie es dazu gekommen war, daß aus Pimmis Traum Wirklichkeit wurde! Denn natürlich wollte er alles erklären, er konnte es sogar ganz gut, fand Pimmi. Aber das Eigentliche verstand er doch nicht! Er war eben schon zu erwachsen.

»Und wenn ich den Schlüssel nicht gefunden hätte?« fragte sie mit vollem Mund. »Den Schlüssel kannst du nicht erklären, Mateo!«

Da gab Mateo das Erklären auf.

Tereina saß dabei und blickte von einem zum andern mit ihren stillen großen Augen. Sie hatte den Platz neben Mateo für Nauka frei gemacht. Pimmi lehnte an Tereinas Schulter und malte auf ihre Schreibtafel einen großen Schlüssel und dann dazu das schön geschwungene Tor. Tereina verstand alles. Sie brauchte die Worte der anderen nicht.

Sie schirrten Ringelblume vor den Karren, machten den Anhänger am violetten Auto fest und fuhren durch das Tor auf den Weg hinaus. Den Schlüssel ließen sie stecken, sie brauchten ihn nicht mehr. Man geht nur einmal durch das Tor des Glücks.

Es war nicht weit vom Schloßpark bis zum Lagerplatz. Tino und Savina standen am Straßenrand. Gerade erst hatten sie gemerkt, daß Pimmi und Nauka verschwunden waren. Nun sahen sie, mit wem sie zurückkehrten.

Tinos Gesicht rötete sich, und er wußte nicht, sollte er sich umdrehen oder den Wagen entgegengehen? Aber Savina wußte, was zu tun war.

»Ihr kommt mit Gott! Ihr kommt mit Gott!« rief sie und nahm Panelons Hände.

»Wir finden euch mit Gott!« sagte der Alte. Dann wandte er sich zu Tino und sagte augenzwinkernd:

»Eine Hochzeit beim Sarafest, was hieltest du davon?«

Noch nie war ein Heiratsgespräch zwischen zwei Vätern so öffentlich und so kurz geführt worden.

»Sehr gut!« sagte Tino. Und damit war alles abgemacht.

Dann wurden sie schon umringt von den anderen. Kein Wort war zu verstehen in diesem Freudenspektakel. Jerikas Jungen ließen pausenlos die Fahrradklingeln schrillen, Branko schlug ein wildes Lied auf der Gitarre, die Hunde umkreisten mit Kläffen und Springen den Menschenknäuel, Macki miaute mit aller Kraft gegen Brankos Musik an, aus ihrem Zweiggehege brachen flatternd und zeternd die Hühner aus. Doch dreierlei geschah abseits von diesem Wirbel:

Bubala warf einen ersten Blick auf Jerkos Nase, der man ansah, daß sie für alle Zeit ihren kühnen Schwung verloren hatte. Einen zweiten, wehmütigen Blick warf er auf seine goldene Taschenuhr, seinen Stolz, seinen kostbarsten Besitz. Dann ließ er den Lastwagen an und fuhr ins nächste Dorf, um die Uhr gegen ein Fäßchen Wein einzutauschen, roten Wein, um rotes Blut und eine schöne Nase damit zu sühnen.

Nauka ging zu Ninjas Wagen und führte Tereina zu den anderen, damit alle ihr die Hand gäben. Um ihretwillen, der ganz und gar Unschuldigen, war soviel Verwirrung und Streit unter sie gekommen!

Und Nauka nahm sich fest vor, es sollte keine Freude in ihrem Leben sein, die sie nicht von nun an mit Tereina teilen wollte. Sie fühlte, wie zu allem Glück dieses Tages die Trauer in Tereinas Augen gehörte.

Savina hatte sich bald aus dem Kreis der anderen gelöst. Sie legte ihre Hand auf Maras Arm und sah die alte Mutter an. Mara nickte und pochte laut mit ihrem Stock auf den Weg:

»Gebt Ruhe jetzt!« rief sie. »Zündet das Feuer an, beeilt euch! Und du, Tino, richte das Zelt für Savina.«

Ach, und endlich begriff Pimmi, daß es noch ein Geheimnis gab, noch ein Wunder! Sie lief von einem zum andern und umarmte alle, zuerst Mutter Savina, Mara-Mami dann, Vater Tino, Branko, und sie steckte ihren Kopf tief, ganz tief in Naukas Rock und biß in den Stoff, damit sie nicht schreien mußte vor Freude, weil sie nun wußte, daß ein Kind geboren werden sollte, ein kleines Kind, ein Brüderchen oder ein Schwesterchen für Pimmi!

Schnell war das Feuer angezündet und das Zelt weitab unter den Bäumen errichtet. Ehe sie mit Savina dorthin ging, rief Mara Mateo und Tereina zu sich. Sie zog ein kleines, silbernes Messer aus der Rocktasche und ritzte beiden die Hand unter dem Daumen. Dann fügte sie die Hände zusammen und sagte:

»Ihr sollt Geschwister sein, so lange ihr lebt.«

Danach gab Mateo der Mutter Savina eine Goldmünze, die hängte sie an feinem Kettchen um Naukas Hals. Nun waren Mateo und Nauka Verlobte.

Pimmi hörte und sah von all dem fast nichts. Sie saß am Feuer und wiegte die kleine Nuna in den Armen. Ach, ein Kindchen, ein kleines Kindchen sollte kommen!

Es kam mitten in der Nacht, gerade als der volle, runde Mond hinter den Hügeln unterging. Alle saßen noch am glimmenden Feuer, tranken Bubalas guten Wein in kleinen Schlücken und redeten über schöne und heitere Dinge, damit die neue kleine Seele, die sie erwarteten, gern zu ihnen käme.

Mara-Mami schlug die Zeltplane zurück und ging zum Bach. Sie schöpfte Wasser in ein kleines Gefäß und brach einen Zweig vom immergrünen Stechpalmenbusch. So trat sie zu den anderen am Feuer. Sie ging zuerst zu Tino, besprengte ihn mit Wasser und sagte:

»Tino, ein Sohn ist für dich geboren.« So tat sie bei jedem, und sagte dabei:

»Es ist ein Sohn für Tino geboren.«

Tino, Nauka und Pimmi liefen zum Zelt. Der Vater trat zuerst ein, danach durften die Kinder den kleinen Bruder sehen.

»Mein Brüderchen!« flüsterte Pimmi und streichelte den kleinen Kopf mit einem Finger.

Am Morgen trug Mara den Kleinen durch das Lager und zeigte ihn allen. Panelon sollte sein Pate sein und Tereina die Patin. Sie galt nun als Panelons Tochter, die stumme Tereina, die von dorther gekommen war, wo Parni und die Kinder bleiben mußten.

In der Nacht darauf legten sich alle früh zum Schlafen nieder. Denn jetzt würden die heiligen Schicksalsengel in das weiße Zelt zum kleinen Panelon kommen. Sein Leben, seinen Tod, sein Schicksal und seinen Weg würden sie bereden. Nur Savina und die alte Mutter konnten ihre Stimmen hören, die Stimme des ersten, der das Gute verheißt, die Stimme des zweiten, der das Schwere verhängt, und die Stimme des dritten, des Richters, der darüber entscheidet, welcher von ihnen mehr Macht haben soll über das Leben des Kindes.

Am dritten Tag wurde es in der Dorfkirche getauft. Panelon legte eine Goldmünze auf seine Brust, ehe Tereina es aufhob und den Weg hinuntertrug. Alle gingen mit in ihren schönsten Kleidern. Als sie zurückkamen, hängte Savina dem Kind ein Beutelchen um den Hals, darin waren Heilkräuter, die hatten Nauka und Mara gepflückt, auch eine Knoblauchzehe und ein Amulett mit einem Bild der Himmelsmutter. Danach ging Savina wieder in ihr Zelt und blieb dort sechs Wochen lang mit dem Neugeborenen und der alten Mutter allein.

Es war eine lange, gute Ruhezeit für sie alle. Panelon schnitzte viele, viele Löffel, Mateo schrieb sein Puppenspiel zu Ende, und Tereina nähte die Kostüme für die Puppen. Als Savina wieder zu ihnen zurückkam, schlugen sie am Waldrand die Puppenbühne auf und zeigten allen das neue Spiel:

Da war ein Prinz, der fand zwei schöne Prinzessinnen, und er hatte sie beide lieb. Sein Herz wurde traurig und krank vor Zweifel, welche er zur Frau nehmen sollte. Er lief fort in die Welt, um die Wahrheit zu finden, die ihm bestimmt war. Er fragte die Sonne und er fragte den Mond um Rat. Die Sonne sagte: »Nimm jene, die mit dir lacht!« Aber hatten sie nicht beide gelacht mit ihm? Der Mond sagte: »Nimm jene, die um dich weint!« Aber hatten sie nicht beide seinetwegen geweint? Da fand er das Einhorn im wunderbaren Garten, und das Einhorn sagte: »Ein Kind hat den Schlüssel zum Glück.« Und ein kleines, dunkles Kind kam, das öffnete das Tor nicht für sich selbst, sondern für die, die es lieb hatte. Da wußte der Prinz, welche von den beiden Prinzessinnen seine Frau sein sollte und welche seine Schwester war.

Nauka saß bei Mara und sah dem Spiel zu. Sie wollte, daß Tereina Mateos Gehilfin beim Puppenspiel sein sollte.

»Warum darf ich die Glückliche sein?« fragte sie leise die alte Frau.

Mara sagte: »Es gibt keine Antwort, die wir verstehen. Aber die Trauer in Tereinas Augen wird bei dir bleiben; das ist der Preis.«

»Also doch bezahlen?« fragte Nauka und lächelte.

»Nicht mit Münzen, nicht mit Gaben, nicht mit Segenswünschen oder Gebeten, nicht mit deinem ganzen Leben«, sagte Mara. »Denn immer kann nur ein anderer für uns bezahlen, weil wir die Armen sind, wir Menschen alle. Begreifst du es nun?«

Und Nauka nickte.

Auch Jerika, Bubala und ihre Kinder zeigten jetzt noch einmal im Kreis der Sippe, was sie konnten. Sie hatten fleißig geprobt, denn auf dem Sarafest würden viele andere Schausteller sein, und niemand sollte sagen, im Zirkus Dinelo gäbe es Schlechteres zu sehen als anderswo. Die Hunde stolzierten, und keiner von ihnen kratzte sich ungebührlich. Die Jungen machten ihre Fahrradkunststücke auf hochgespanntem Seil. Branko ließ zum ersten Mal Claude und Dschabris Bruder öffentlich kämpfen. (Mit Dschabri und ihrer Schwester war nichts anzufangen, die legten nur noch Eier und wollten nichts anderes sein als gackernde, unvernünftige Hühner.) Das Großartigste kam zum Schluß: Jerika als »Fuoka, die Frau, die von Feuer lebt«! Sie trug ein enges, rotes Kleid und ließ ganze Flammengarben aus ihrem Mund schlagen. So schaurig schön sah sie aus wie das Ungeheuer, das einst in Tarascon, der Stadt des gezähmten Drachen, nicht weit von hier, von einer heiligen Frau besiegt, am Gürtelband spazieren geführt worden war.

Dann stellte Tutta sich mit unbewegt lächelndem Gesicht vor ein Brett, und zwanzig blitzende Messer flogen aus Bubalas Hand, durchschnitten schwirrend und wirbelnd die Luft und rahmten Tutta ein!

Pimmi sah es staunend und mußte Tutta im Stillen sehr bewundern.

»Na, was sagst du dazu?« fragte die stolz und setzte sich wieder neben Pimmi.

»Ganz schön.«

»Ganz schön! Dann stell du dich vor das Brett, bitte!«

»Nein«, sagte Pimmi. »Heute nicht. Ich habe nämlich einen Mückenstich am Fuß. Immerzu muß ich mich kratzen. Heute kann ich nicht still stehen.«

»Weil du keinen Mut hast!« sagte Tutta verächtlich.

»Natürlich habe ich Mut! Mindestens soviel wie du! Nur keine Lust. Und außerdem habe ich . . . habe ich . . .« Pimmi überlegte verzweifelt. Womit konnte sie Tutta jetzt übertrumpfen? Was hatte sie? Was konnte sie? Ein ganz gewöhnliches, struppiges kleines Mädchen war sie, häßlich und mit Schielaugen. Sie hatte einmal den Schlüssel zum Glück besessen, aber der war nun verschenkt.

»Was ist eigentlich mit deinem verrückten Schlüssel und dem Wundergarten?« fragte Tutta auch noch gerade jetzt.

»Oooch . . .«, machte Pimmi. Dann wurde sie wütend und sagte: »Komm mit, ich zeige es dir!«

Sie schlichen sich aus dem Kreis der Feiernden und liefen den Weg hinauf zum verlassenen Garten jenseits des Waldes. Pimmi hatte kein gutes Gefühl dabei, aber sie mußte doch wenigstens versuchen, auf Tutta Eindruck zu machen!

Umständlich bewegte sie den Schlüssel im Schloß und zeigte Tutta, daß es der war, den sie damals gefunden hatte. Doch seltsam: Alles war anders heute! Da lag der alte Park im Nachmittagslicht und war nichts als ein verwilderter Garten mit grasigen Wegen, mit Eidechsen und Schmetterlingen. Da war das Schloß: graues, staubiges Mauerwerk, dunkle Fensterhöhlungen und Schuttberge. Sie fanden Spiegelscherben, blumige Tapetenreste und zerbrochene Stuhlbeine unter den Trümmern, aber das war lauter schlechtes Zeug. Noch nicht einmal Tutta mochte es mitnehmen.

Zuletzt führte Pimmi sie zum Einhorn im dunklen Gesträuch.

»Dein weißes Pferd ist ja nur aus Stein«, sagte Tutta. »Außerdem hat es einen häßlichen Auswuchs auf der Stirn. Und wo ist dein Prinz?« Pimmi wußte nichts zu antworten. Tutta kletterte auf den Rücken des Einhorns, und Pimmi stand dabei und streichelte es traurig.

Als sie wieder am Tor waren, sagte Tutta:

»Du hattest dir eben alles nur ausgedacht. Das ist ja nicht schlimm, du bist eben noch klein.« Sie war schon auf dem Weg.

Pimmi stand noch am Tor, spielte mit dem Schlüssel und blickte durch das Gitter. Da traf ein Sonnenstrahl das Einhorn fern zwischen den Büschen. Und nun sah Pimmi, wie es langsam, langsam den schönen Kopf hob und sie ansah. Jetzt würde es sprechen, das wußte Pimmi, jetzt würde es ihr etwas unerhört Wichtiges, das Wichtigste sagen! Und sie würde es hören, nur sie allein, und nicht mehr länger nur irgendein Zigeunerkind sein. Sie würde etwas wissen, was niemand wußte . . .

Da rief Tutta:

»Komm doch, Pimmi! Wir müssen zurück, die anderen warten auf uns!«

Vorbei. Das herrliche Tier war nichts mehr als wieder nur ein steinernes Standbild aus vergilbtem Marmor, von Moos überwachsen, beim verlassenen Schloß, im verwilderten Garten. Pimmi rüttelte zornig an den Gitterstäben.

Am nächsten Tag brachen sie das Lager am Bach ab und

stiegen wieder in die Wagen. Ihre schönsten Kleider hatten alle angezogen, denn nun fuhren sie nach Süden, zum Sarafest. Lange Wagenzüge begegneten ihnen auf der Straße: schwankende Wohnwagen, chromblitzende Autos mit vornehmen Anhängern, klappernde Karren. Aus allen Ländern kamen die Leute ihres Volkes jetzt hierher.

Und Maras Sippe fuhr im langen Zug der Wagen durch das Land der weißen, wilden Pferde und der schwarzen Rinderherden, durch die endlose, flimmernde Weite zwischen Erde, Himmel und Meer, wo der Strom in hundert Rinnsalen und Seen noch zögert, das schöne Land zu verlassen.

Sie stellten ihre Wagen ab inmitten des lauten Festplatzes unter den Mauern der hochgebauten Kirche, die wie eine Festung aussah, wie eine Burg mit zinnengekröntem Turm. Hierher war Sara gekommen vor zweitausend Jahren, die dunkle Dienerin heiliger Frauen, die Freundin der Fahrenden und Heimatlosen. Gleich gingen alle Ankömmlinge in die dunkle Kapelle unter dem Kirchenschiff, Sara zu erzählen, was sie an Schmerzen, Freuden und Hoffnungen mit sich brachten.

»Sara!« flüsterte Pimmi. »Morgen wird Nauka Mateos Frau, und ich muß nun selbst eine große Schwester sein. Werde ich immer den richtigen Weg finden? Werde ich wissen, was das Einhorn sagen wollte?«

»Sara!« flüsterte Nauka. »Hilf mir, daß ich eine gute Frau für Mateo werde. Gib Tereina fröhliche Tage und schütze Pimmi, wenn ich nicht mehr immer bei ihr bin!«

Draußen auf dem Festplatz war buntes, lärmiges Leben. Wieviel Freunde und Verwandte gab es zu begrüßen, wieviel zu erzählen und zu erfahren! Ninja ließ Jerko mit Tereina die Lebkuchen verkaufen und lief von Wagengasse zu Wagengasse. Auch Migra und Juan waren mit ihren Söhnen und der kleinen Ehra gekommen. Sie bauten ihren Stand dicht neben Mateos Puppenbühne und Jerikas Zirkus auf.

»Nun hast du selbst ein kleines Brüderchen«, sagte Migra zu Pimmi und fragte listig: »Findest du es eigentlich niedlicher als unsere Ehra?«

Pimmi überlegte lange. Dann sagte sie: »Wenn ich du wäre oder Juan, dann würde ich Ehra niedlicher finden. Weil ich aber Pimmi bin, ist der kleine Panelon niedlicher.«

Migra lachte, und als Pimmi fortgegangen war, sagte sie zu Juan: »Sie wird einmal eine sehr weise alte Frau werden und ihre Sippe gut und klug führen.«

Drei Tage lang feierten sie Naukas und Mateos Hochzeit mit Gesang und Tanz und üppigen Mählern auf dem Platz vor dem grünen Wagen, wo die bunte Hochzeitsfahne im Seewind flatterte.

Am Abend des dritten Tages wurde Nauka in feierlichem Zug mit Musik zu Panelons Karren geleitet. Hinter ihr gingen Hotolo, Pepe, der junge Juan und Arniko. Sie hielten an den vier Zipfeln das Kopftuch, das Nauka von morgen an alle Tage tragen würde.

Dann kam das große Fest. Junge Burschen trugen auf ihren Schultern das Sarabild aus dem Kapellendunkel ins Mittagslicht. Sie brachten es an den Strand hinunter und gingen weit mit ihm ins Meer hinaus. Ihnen zur Seite ritten auf weißen Pferden die Hirten des Landes, die Hüter der wilden Herden, und alle Menschen aus dem Lager folgten ihnen. Mit ihren schönen Kleidern wateten sie singend dem Bilde nach, den flimmernden, atmenden Wellen entgegen.

Pimmi ging an Mara-Mamis Hand zwischen Savina mit dem kleinen Bruder, zwischen Vater Tino und Branko, Nauka, Mateo und Panelon und allen, die sie lieb hatte. Rings um sie war die singende, vorwärtsdrängende Menge, die Brüder und Schwestern ihres Volkes. Und Pimmi sang mit ihnen und ließ sich mit der Menge treiben und wußte nicht, ob das, was nun ihr Herz anfüllte, eine große Freude war oder unendliche Traurigkeit. Dichter schmiegte sie sich an Maras Rock.

Wer bin ich? dachte sie. Bin ich Pimmi, oder bin ich wir alle?

Und eine große aufsprühende Welle schlug ihr ins Gesicht.

Als sie die Augen wieder öffnete, sah sie den Bischof draußen fern auf der schaukelnden Barke stehen. Er segnete das Meer und die Schiffe, die singenden Menschen und ihre Wagen am Ufer.

Jetzt wurde ein blumengeschmückter Schrein an ihnen vorübergetragen, der sah wie ein Schiff aus, wie jenes Schiff, das einst die heiligen Frauen mit der schwarzen Sara zu diesem Ufer brachte. Wie es nun über die Köpfe der Menschen fortzog von ihr, ins Weite und Offene hinaus, mußte Pimmi plötzlich weinen, so sehnte sie sich nach etwas, das ohne Namen, ohne Grenze, ohne Ende war.

Noch am Abend desselben Tages brachen sie wieder auf.

Im rüttelnden Wagen saß Pimmi, als sie am uralten Ölbaum vorüberzogen, dort wo der Weg zum Tor des Glücks abzweigte. Leise sagte sie zu Mara:

»Ich war noch einmal dort im Garten, und das Einhorn wollte mit mir sprechen. Aber Tutta redete dazwischen. Nun weiß ich das Wichtigste nicht.«

»Was das Einhorn sagt, kann kein Mensch mit Worten wissen«, sagte Mara. Doch nun sah Pimmi in der blauen Dämmerung den Mond über den Hügeln, den stillen, den lichten Gefährten. Und sie wußte jetzt, was das Einhorn sagen wollte, nicht mit Worten, aber mit dem Herzen:

»Dies ist das Geheimnis des Schlüssels zum Glück: Man kann ihn nicht besitzen, man kann ihn nur verschenken.

Das Geheimnis des Tores aber ist das Hindurchgehen, nicht das Wohnen im schönen Garten.

Du mußt arm sein und darfst nirgendwo bleiben. Doch das Wunder ist überall, und alle Wege auf Erden gehören dir!«

»Mond! Mond! Mond!« flüsterte Pimmi, und sie war sehr glücklich.

dtv junior: Programmübersicht April–September 1971

Katherine Allfrey:
Penny Brown

Enid Blyton:
Die Insel der Abenteuer

Robert Bolt:
Der kleine dicke Ritter

Natalie Carlson:
Boskos weite Wanderung

Lise Gast:
Ein Jahr auf Probe

Josef Guggenmos:
Was denkt die Maus am Donnerstag?

James Krüss:
Adler und Taube

Irmgard Laarmann:
Hallo, wir wohnen im Zoo

Astrid Lindgren:
Madita

Astrid Lindgren:
Rasmus, Pontus und der Schwertschlucker

Ana Maria Matute:
Juju und die fernen Inseln

Fried Noxius:
Kennwort Schwarzer Brummer

Hans Peterson:
Ein Löwe im Haus

Otfried Preussler:
Thomas Vogelschreck

Jan Procházka:
Lenka

Keith Robertson:
Das Rätsel von Burnt Hill

Römpp/Raaf:
Chemische Experimente mit einfachen Mitteln

Jeanne Saint-Marcoux:
Prinzessin Kaktus

Rosemary Sutcliff:
Der Adler der Neunten Legion

Cili Wethekam:
Drei Tage und kein Ende

Ursula Wölfel:
Mond Mond Mond

dtv junior

dtv